상처가 아무는 질문

상처가 아무는 질문

1판 1쇄 발행　2021년 12월 20일
1판 1쇄 인쇄　2021년 12월 20일

지은이　　김상권
펴낸이　　정신일
편집　　　홍소희
교정　　　김윤수
펴낸곳　　크리스천리더
일부총판　생명의 말씀사 (02) 3159-7979
등록　　　제 2-2727호(1999. 9.30)
주소　　　부천시 원미구 ○○ 센터스카이비 비비타구 상가 ○○호
전화　　　032) 342-1979
팩스　　　032) 343-3567
출간상담　E-mail:chmbit@hanmail.net
홈페이지　www.cjesus.co.kr
유튜브　　크리스천리더TV

ISBN : 978-89-6594-328-0　03230

정가 : 10,000원

· 이 출판물은 저작권법에 의해 보호받는 창작물이므로,
  무단 복제와 무단전재를 할 수 없습니다.

룻기를 통한
위로와 회복의
메시지!

상처가 아무는 질문

김상권 지음

크리스천리더

저자서문

아물지 않은 상처를 갖고 사는 이들에게

상처는 눈물로 아물지 않는다는 말이 있다. 땅을 치고 통곡해도 어떤 상처는 손톱 하나 들어가지 않을 만큼 정색하고 나를 노려본다. 그래서 상처는 동서고금을 막론하고 싫다. 괴롭다. 과연 우리는 상처로부터 자유할 수 있을까? 사실 상처는 틀림없이 아무는 것이 맞다. 왜냐하면, 상처를 치료해 주는 것이 시간뿐이기 때문이고, 우리는 시간 속에서만 살 수 있기 때문이다. 하지만 상처가 아물 때까지 마냥 기다리고 있는 것은 지옥과 같은 삶일 것이다. 우리에게는 상처가 아물 만큼의 시간을 보내는 지혜가 필요하다.

상처가 아무는 시간을 보내는 지혜는 어디에 있을까? 사람의 위로도, 감성적인 눈물샘 자극도 어느 정도 도움이 될 것이다. 하지만 상처를 안고 살아가는 이에게 절대적인 도움은 못 된다. 이 책은 상처가 아무는 시간을 보내는 지혜를 나누는 글이다. 그 지혜는 바로 성경이다. 삶을 살면서 한 가지 깨닫는 지혜는 모든 상처의 해답을 성경 속에 있다는 사실을 기억하는 것이다. 상처의 역학은 다양하고 복잡해서 경우의 수를 다 따질 수 없다. 하지만 창조주의 말씀은 모든 상처의 경우의 수를 정리하는 힘이 있다. 시간 속에서 상처를 들여다보면서 마냥 서 있는 것이 아니라 그 불행의 흔적에 대해 하나님께서 뭐라고 말씀하시는지를 귀 기울이는 지혜가 필요하다. 그것이 상처를 아물게 하는 가장 절대적인 요소가 된다. 상처의 순간은 아프고, 상처의 기억은 쓰리기만 하지만, 그 상처를 행복으로 바꾸실 수 있는 분은 하나님뿐이시기에 나의 상처를 말씀으로 녹이는 작업은 절대 헛수고가 아니다. 상처를 말씀에 녹이는 지혜를 실천할 때 우리는 비로소 상처에 눌리지 않고, 상처를 누리는 인생이 된다.

아무리 아픈 상처도 그곳에 하나님의 사랑이 닿으면 의미 있는 흔적이 된다. 그 상처에서 성숙이라는 진물이 나고, 결국은 거룩이라는 딱지가 앉는다. 그런데 사람들은 그걸 예수의 흔적이라고 한다. 영혼은 더욱더 맑고 아름답게 피어난다. 하나님은 원칙주의자시다. 우리가 아무리 힘들어도 시간 속에서 그 아픔을 아물게 하신다. 시간은 모든 것을 치유하는 성수(聖水)와 같아서 담겨만 있어도 아픔은 사라져 가게 될 것이다. 하지만 그 시간을 어떻게 보내느냐는 우리의 선택이라는 약물 한 방울이 필요하다.

하나님께 상처를 내어 보이는 것이 시작이다.
이 책은 오래전 인생의 상처란 상처는 다 받고 모든 것을 잃어버린 비련의 한 여인이 아물지 않은 상처를 갖고 고향으로 돌아오는 이야기를 다룬다. 상처를 공감하는 감성 팔이 약장수나 상처를 치유하는 획기적인 제안서는 이 책에 없다. 상처를 하나님 앞에서 생각해 보게 할 의도만 있다. 읽으면서 내 상처를 하나님 앞에 내어놓을 수 있다면 좋겠다. 그런데 그것이 상처를 가장 빨리 아물게 하는 시간 속 지혜다. 나의 상처는 하나님 앞에서만 아문다. 위로든, 시간이든, 내 상처를 보듬는 친구들 속에는 하나님의 섭리가 있다. 이 책을 통해서 우리의 삶에 아물지 않은 상처를 하나님 앞에서 생각해 볼 수 있기 바란다. 나를 '마라(쓰라림)'라고 부르라고 했던 한 여인이 어떻게 '나오미(기쁨)'라 불리게 되었는지 확인해 보라. 그래서 내 상처에 하나님의 '헤세드'라는 약이 발리고, 그로 인해 상처가 거룩한 흔적이 되는 감격스러운 일들이 일어났으면 좋겠다.

하나님은 오늘도 우리 상처에 관심이 많으시다.

2021년 11월 21일 추수감사절에
김상권

목차 [table of contents]

Question 1

빵을 찾는 그대에게, 빵보다 중요한 것도 있는가?

(룻기 1장1-5절) • 9

Question 2

마음이 공허한 그대에게, 텅 빈 우리를 어떻게 채우시는가?

(룻기 1장6-18절) • 23

Question 3

상처받은 그대에게, 하나님을 원망해도 되는가?

(룻기 1장19-22절) • 39

Question 4

우연을 찾는 그대에게, 섭리는 어떤 가면을 쓰고 오는가?

(룻기 2장1-7절) • 55

Question 5
착하지 못한 그대에게, 왜 우리는 착하게 살아야 하는가?
(룻기 2장8-16절) • *71*

Question 6
사랑이 식은 그대에게, 사랑은 어디까지 흐르는가?
(룻기 2장17-23절) • *87*

Question 7
응답을 기다리는 그대에게, 자기 기도에 스스로 응답해도 되는가?
(룻기 3장1-5절) • *101*

Question 8
인생이 끝나가는 그대에게, 무엇이 우리 인생을 완성하는가?
(룻기 3장6-13절) • *117*

Question 9

간절함이 식은 그대에게, 갈망보다 더한 간절함이 있는가?

(룻기 3장14-18절) • *131*

Question 10

의미 없는 그대에게, 어찌 아무개로 산단 말인가?

(룻4장1-12절) • *145*

Question 11

잊고 싶은 그대에게, 지독한 마음의 멍도 지워지는가?

(룻기 4장13-22절) • *161*

Question 1

빵을 찾는 그대에게
빵보다 중요한 것도 있는가?
(룻기 1장 1-5절)

갈수록 연말연시의 풍속도가 바뀌어 간다. 과거에는 연말연시 하면 '훈훈한 정감이 오가는 표정과 말'이 먼저 생각났다. 하지만 요즈음은 시즌이 시즌이다 보니 가는 곳마다, 만나는 사람마다 화젯거리는 '주 몇 시간 초과 근로 금지'니 '최저임금'이니 하는 경제 이야기다. 다들 '어떻게 살까?'를 이야기하고 빵 걱정을 하며 사는 것 같다.

한국 발전기술소속의 노동자 김용균씨가 죽은 2019년 12월의 태안화력발전소의 사고 이후, 국회는 일명 '김용균법'을 통과시켰다. 김용균 씨의 어머니는 어느 집회에서 참석한 아들의 친구를 쓰다듬으며 '너라도 살아라'라는 말을 되뇌었고, 그것이 정치가 되고 정책이 되었다. 매년 2천여 명의 산업재해로 죽는 또 다른 김용균 씨가 있다는 사실을 생각할 때 '김용균법'의 통과는 어쨌든 감사한 일이다. 그런가 하면 10년 동안 공연을 이어오던 홍대 앞의 모 카페는 옆에 큰 상점이 들어오면서 문을 닫았고, 그곳에서 공연하던 예술가들은 설 곳을 잃었다. 정치도, 경제도, 예술도 다들 빵이 없어 허덕이는 것 같다. 그래서 다들 빵을 찾아 어디론가 사라져 간다. 언젠가는 TV 홈 쇼핑에 캐나다 이민 상품이 나왔다. 두 시간 만에 매진되었다는 말을 들었다. 그만큼 한국 사회가 떠나고 싶은 사회라는 반증이라는 생각에 씁쓸했다. 하지만 내가 경험했던 이민자의 삶도 만만치는 않다. 영어 때문에 에피소드들이 많다.

내가 아는 어떤 목사님은 중학교 때 이민을 가서서 한국인 할아버지가 하는 구두 수선방에서 알바를 하셨다고 한다. 어느 날 할아버지가 잠깐 자리를 비운 사이 목사님이 가게를 보는데, 어떤 흑인 여자분이 급하게 들어와서는 뭐라고 하더란다. 하지만 무슨 말인지 도통 알아들을 수가 없어서 할아버지가 손님이 오면 늘 'Let me see.' 하시던 게 생각나서 'Let me see' 하셨단다. 그랬더니 그 흑인 여성분이 황당한 표정을 짓더란다. 나중에 알고 보니 이 흑인 아주머니는 '내가 지금 너무 급하니 화장실을 좀 쓸 수 있겠냐?'라고 질문했는데, '한번 보자'라고 했으니 얼마나 황당했을까? 이렇게 이민 생활을 시작한다. 이민 생활은 돈의 많고 적음과 상관없이 만만치 않은 삶의 여정이다. 이 나라나 저 나라나 다들 빵 걱정을 하면서 산다.

룻기는 빵이 없어 빵을 찾아 이민을 간 한 가정을 소개한다. 이 가정의 가장 이름은 엘리멜렉이다. 그는 베들레헴에 살고 있었는데, 흉년이

들어 살 수가 없게 되었다. 그래서 아내와 두 아들을 데리고 모압 땅으로 이민을 간다. 빵을 찾아간 것이다. 하지만 시간이 지나고 고된 이민자의 삶에 결국 그 집안 남자들은 다 죽고, 남겨진 나오미가 며느리 룻과 함께 다시 베들레헴으로 돌아와서는 룻이 보아스를 만나 결혼한다는 내용이 룻기의 전체 줄거리다. 룻기는 평범한 한 가정이 빵을 찾아 떠나 모든 걸 잃어버렸는데, 그 인생의 텅 빔을 하나님이 가득 채우시는 아름다운 이야기다. 그래서 이들을 통해 위대한 왕 다윗이 탄생하고, 나중에는 이 혈통으로 예수 그리스도가 탄생한다는 채움의 이야기다.

룻기라는 책

룻기의 주인공이 누구일까? 룻이어야 하는데, 주로 대화체로 진행되는 룻기에서 룻은 분량이 얼마 되지 않는다. 엘리멜렉인 것 같기도 하고, 나오미 같기도 하며, 룻과 결혼하게 되는 보아스 같기도 하다. 하지만 다 아니다. 룻기의 주인공은 하나님이다. 그러나 하나님은 단 한 번도 등장하지 않는다. 룻기는 보이지 않는 하나님께서 텅 빈 우리를 채우시는 이야기다. 그 방법이 헤세드다. 헤세드는 인애, 은혜, 사랑, 자비 등으로 번역되지만, 사실은 딱히 한국말로 번역할 말이 없는 단어다. 그래서 '헤세드'라고 기억하는 것이 좋다. 헤세드는 룻기의 핵심이면서 (룻

1:8,2:20,3:10) 동시에 신, 구약 전체의 주제다.

룻기는 이스라엘 사람들에게 가장 사랑받는 책이다. 이스라엘 백성들의 성경에는 명절 때마다 부르는 '메길롯(megilloth)'이라는 두루마리가 있다. 이것은 아가, 애가, 전도서, 에스더, 룻기로 이루어진 다섯 개의 두루마리다. 이 중에서 룻기는 오순절에 불리는 노래다. 오순절이 어떤 날인가? 성령이 강림하신 날이다. 그렇기 때문에 뒤에서 살펴보겠지만, 룻기는 보이지 않는 성령께서 우리를 어떻게 채우시는지를 전하는 이야기다. 룻기는 단순한 다문화 가정의 삶의 이야기가 아니다. 텅 빈 마음을 갖고, 먹고 살 빵을 걱정하는, 인생의 실패를 너무 쉽게 예견하는 이들에게 주신 책이다. 룻기를 통해 우리는 하나님께서 상처받은 우리의 텅 빔을 어떻게 채우시는지 확인할 수 있다.

엘리멜렉의 가족, 모압으로 가다

1절에 보면, "사사들이 치리하던 때에 그 땅에 흉년이 드니라 유다 베들레헴에 한 사람이 그의 아내와 두 아들을 데리고 모압 지방에 가서 거류하였는데"라고 말한다. 시대적 배경은 사사들이 치리하던 때다. 사사 시대를 한마디로 하면 "왕이 없어 자기 소견에 옳은 대로 행한 시대"다. 그래서 '범죄-징계-회개-구원'의 사이클이 반복되던 시대다. 그런 때에 흉년이 들었다는 말은 범죄로 징계를 당하고 있던 시기에 모압 땅으로 갔다고 봐도 무방할 것이다. 1절에서 '거류했다(꾸르)'라는 말은 '흉년을 피하려고 잠깐 체류하러 갔다'라는 말이다. 그런데 문제는 2절에 가면, '거기 살더니'라는 말로 바뀐다는 점이다. 이 말은 아예 눌러앉아 버리게 되었다는 뜻이다. 그리고 시간이 흘러 결국 엘리멜렉도 죽고, 10년쯤 뒤에는 두 아들도 죽게 된다.

우리는 단순히 이것이 하나님의 징계라고 생각한다. 과연 그럴까? '베들레헴'이라는 말은 '빵집'이라는 뜻이다. 빵집에 빵이 없어서 빵을 구하러 모압 땅에 간 것이 잘못일까? 저자는 이들이 모압 땅에 간 것이 잘못되었다고, 세 남자가 죽은 것도 벌이었다고 구체적으로 말하지 않는다. 그렇다고 좋은 일이라고 말할 수도 없다. 그러면 왜 이들에게 재앙이 닥친 것일까?

이유가 있어도 말씀을 떠나면 안 된다.

먼저 생각해 보아야 할 것은 엘리멜렉이라는 인물이다. 엘리멜렉은 '하나님은 왕이시다'라는 뜻의 이름이다. 모압은 어떤 족속인가? 창세기에 보면, 롯과 그 딸 사이에 근친상간으로 태어난 족속이다. 그래서 민족정신이 음행이다. 이스라엘 백성들이 출애굽할 때 선지자를 매수해서 이스라엘을 저주하려 했던 족속이다. 모압은 '그모스의 백성'이라는 별명을 가지고 있다. 그모스를 섬기면서 아들을 제물로 봉양했던 민족이다. 그래서 영원히 이스라엘의 총회에 들어올 수 없도록 저주가 선포된 족속이다. 그러니까 '왕이 없어 자기 소견에 옳은 대로 사는 시대'에 '왕은 하나님이시다'라는 이름을 가진 사람이 그모스를 왕으로 모시고 사는 땅으로 간 것이다.

결정적인 문제는 그 시대가 '사사들이 치리하던 때'라는 점이다. 흔히 사사 시대를 350년에서 400년 정도로 본다. 이 기간 중 룻기의 배경은 사사 시대 초기일까 말기일까? 룻기 4장 21,22절을 보면, "살롬은 보아스를 낳았고, 보아스는 오벳을 낳았고, 오벳은 이새를 낳고, 이새는 다윗을 낳았더라"라고 말한다. 앞으로 룻과 결혼하게 될 보아스는 다윗의 3대 위 할아버지다. 그래서 사사 시대 말 같아 보인다. 그런데 마태복음 1장 5절의 계보를 보면, "살몬은 라합에게서 보아스를 낳고 보아스는 룻에게서 오벳을 낳고 오벳은 이새를 낳고"라고 되어 있다. 룻과 결혼하게 될 보아스가 살몬과 라합 사이에서 태어났다. 여기 이 라합은 여호수아서에 등장하는 여리고 성의 기생 라합으로 보인다. 여리고 성을 정탐하러 온 정탐꾼들을 믿음으로 숨겨준 바로 그 라합이다. 보아스는 바로 그 라합의 아들이 되는 셈이다. 그러면 룻기에서 말하는 사사들이 치리하던 때란 초기일 가능성이 더 크다. 사사 시대 초기가 어떤 때인가? 하나님께서 주신 약속의 땅을 분배받아 그 땅을 정복해야 하는 시기였다. 하지만 가나안의 여러 족속이 너무 약해 보여서 언제든지 점령할 수 있을 것 같아 내버려 두었던 시기다. 하지만 생각과 달리 어떤 가나안 족속들은 너무 강했다. 그래서 이스라엘 백성들은 그들과 타협하게 된다. 이렇게 주신 약속의 땅에 대한 느슨한 태도 때문에 사사 시대에는 계속해서 재앙이 있었다. 흉년으로, 기근으로, 대적으로...

그럼 엘리멜렉의 문제는 무엇이라고 말할 수 있을까? 바로 그 약속의 땅을 떠난 것이다. 빵집에 빵이 없어 빵을 구하러 가는 것은 잘못된 것이 아니다. 하지만 빵 때문에 하나님의 약속을 버리면 안 된다는 말이다. 먹고 살기 어려워서 하나님의 말씀을 저버리는 것은 재앙으로 가는 첩경이다. 아무리 힘들어도 하나님의 말씀이 있는 곳에 머물러야 한다. 하던 사업이 부도 위기에 있어서, 가정에 우환이 찾아와서 낙담이 이만저만이 아니라서, 도저히 눈 뜨고 볼 수 없는 사람이 여기 있어서 힘들어하는 것은 잘못이 아니다. 하지만 낙담이 돼도, 우환이 찾아와도, 힘들어도, 하나님의 말씀을 떠나면 안 된다는 말이다.

그래도 남아 있는 헤세드

시간이 지나 나오미의 남편 엘리멜렉이 죽고, 나오미와 그의 두 아들이 남았다(3절). 남편이 죽어버렸다. 그래서 나오미는 가문을 잇기 위해 두 아들 말론과 기룐에게 모압 여자 룻과 오르바를 아내로 맞이하게 한다. 잘못된 것이 없어 보인다. 하지만 원문으로 보면, 부정적인 의미가 숨어 있다. 원래 룻기와 같은 초기 기록들에서 정상적인 결혼은 '라카흐'라는 말을 쓴다. 룻과 보아스의 결혼도 '라카흐'를 쓴다. 하지만 4절에서 말론과 기룐의 결혼은 '나사'라는 말을 쓴다. 이 단어는 에스라, 느헤미야 시대에 이방인과 결혼한 백성들을 부정적으로 지적할 때 사용했던 말이다. 그러니 구체적으로 지적하지는 않지만, 룻기의 저자는 이방 결혼에 대한 부정적인 뉘앙스를 담아 설명하려는 듯하다.

모압에 거주한 지 10년쯤에 설상가상으로 두 아들도 그만 죽어버리고 만다. 무엇 때문에 죽었을까? 남은 어머니와 아내는 어떡하라고 이 집안의 남자들은 이리도 속절없이 다 죽어버렸단 말인가? 힌트가 없지는 않다. 말론은 '병치레'란 뜻이고, 기룐은 '약골'이라는 뜻이다. 성경의 많은 이름들이 그 인생을 정의하는 역할을 하는 것을 보면, 이들은 아마도 병약하여 죽었던 모양이다. 이제 이 집안은 과부 세 명만 남겨졌다. 이 말은 남성 중심의 고대 사회에서 이 집안은 이제 완전히 끝났다는 뜻이다.

저자는 3절과 5절에서 반복해서 '나오미만 남았다.'라고 강조한다. 절망이고 좌절이다. 이제 끝났다. 하지만 여기에 역설이 숨어 있다. 나오미는 '기쁨'이라는 뜻이다. 하나님의 백성이 빵 때문에 말씀을 떠났고, 여호와의 땅이 아니라 그모스의 땅에 거주하게 되었다. 그리고 이방 여자에게 아들들을 장가 보냈고, 가장과 두 아들은 죽었다. 하지만 '나오미만 남았다.'라는 말을 반복하면서, 그런데도 기쁨은 남았다고 말하는 듯하다. 이것이 바로 룻기의 주제다. 그리고 성경 전체의 주제인 '하나님의 헤세드'다. 헤세드는 하나님께서 하나님의 백성을 대하시는 방식이다. 우리를 향하신 마음, 관계, 반응이다. 생각해 보라. 우리는 엘리멜렉처럼 입으로는 '하나님만이 왕이시다.'라고 고백하지만, 너무나 자주 하나님의 말씀을 떠난다. 약속을 저버리고, 낙담하고 좌절하고, 그래서 병약하고 쇠약해진다. 어떨 때는 하나님이 원망스러워 불평하기도 하고, 하나님이 계신 것을 알면서도, '언젠가는 나도 정신 차려야지!' 하면서도, 일부러 교회를 멀리하고, 공동체를 거부하는 게 우리다. 어떨 때는 대놓고 세상 친구들과 갈 데까지 간다.

하지만 기억하라. 우리가 어떤 일을 하든, 무슨 짓을 하든 하나님의 헤세드는 변하지 않는다. 징계 중에라도 하나님의 헤세드는 남아 있다.

그래서 결국은 괴로움으로 텅 빈 우리를 '나오미'로, '기쁨'으로 채우실 것이다. 우리가 인생을 다 살고 나면 뭐가 남을까? 헤세드, 이것 하나 남는 게 인생이다. 그러니 인생 살면서 '이제 끝이구나!'라고 생각되는 인생 흉년이 찾아오거든, 죽는 게 더 낫다고 생각되는 밤이 다시 고개를 쳐들거든, 아무리 생각해도 '내 곁에는 아무도 없구나!' 하는 외로움이 구렁이처럼 다시 내 맘에 똬리를 틀고 앉아 있거든, 그래도 하나님의 헤세드는 남아 있음을 기억하기 바란다.

약점도 사용하시는 하나님

룻기의 내용을 훌쩍 뛰어넘어서 4장 18절부터 보면, 룻기 마지막에 다윗의 계보가 붙어 있다. 솔로몬은 나오지 않는다. 이 말은 이 룻기가 다윗의 치세 시대에 쓰였다는 증거일 것이다. 그래서 어떤 학자들은 사무엘이 룻기를 썼을 것으로 추측한다. 1장 1절과 2절에 보면, 저자는 이들이 베들레헴 사람임을 반복해서 강조한다. 특히 2절에서는 '베들레헴 에브랏 사람'이라고 강조한다. 왜 베들레헴에 집착하고 있을까? 여기에는 배려 깊은 하나님의 의도가 숨어 있다.

생각해 보라. 사울 가문이 아닌 다윗이 왕이 되었다. 그런데 다윗은 영원히 총회에 들어오지 못하는 모압 여인 룻의 피가 섞인 사람이다. 더

군다나 다윗의 선조 엘리멜렉은 약속의 땅을 버리고 그모스의 땅으로 갔다. 그러니 이스라엘 백성들이 다윗의 정통성을 인정하려 들겠는가? 다윗의 대적들이 가만히 있겠는가? 룻기는 이런 상황에 있는 다윗을 왕으로서 세우시는 하나님의 지략서다.

하나님은 이 룻기를 통해서 이스라엘의 조상들을 떠올리게 하신다. 아브라함도 흉년으로 약속의 땅을 떠나 애굽으로 간 적이 있다. 이삭도 흉년으로 그랄 땅에 갔었고, 야곱 역시도 흉년으로 애굽으로 이주해서 거기서 죽었다. 하지만 이들은 다 틀림없는 하나님의 백성이었다. 그것도 존경받는 믿음의 조상들이었다. 사무엘상 17장 12절에 보면, 다윗의 아버지 이새를 '베들레헴 에브랏 사람'이라고 강조한다. 룻기 1장의 엘리멜렉도 모압 땅으로 갔지만, '베들레헴 에브랏 사람'이라고 강조한다. 하나님은 룻기를 통해 다윗을 틀림없는 하나님의 백성이라고 견고하게 세우고 계신 것이다.

하나님은 우리의 약점, 실수, 심지어 범죄함까지도 하나님이 왕이심을 드러내는 도구로 사용하신다. 그러니까 전능하신 분인 것이다. 과거의 약점과 실수를 통해 다윗을 세우신 것처럼 우리 과거의 약점과 실수를 통해서도 우리를 세우신다. 이 사실을 기억할 때 우리는 현실이 힘들어서 빵을 찾아 세상을 기웃거리는 일은 없게 될 것이다.

Answer 1

다들 빵 걱정을 하며 살아간다. 하지만 빵이 없어도 과거처럼 우리는 어떻게든 살아갈 것이다. 주 52시간을 넘겨도, 최저임금을 못 받아도 살 것이고, 공간에서 내몰린 예술가도 또 다른 곳을 찾을 것이다. 빵집에 빵이 없어 빵을 구하러 가는 것은 잘못이 아니다. 하지만 기억해야 한다. 하나님의 말씀을 떠나면 안 된다. 그것이 곧 재앙으로 가는 지름길이기 때문이다. 우리의 죄로 말미암아 인생의 가혹한 흉년이 찾아와도 하나님의 헤세드는 남아 있다. 그리고 하나님은 그런 우리의 약점도 우리를 세우시는 도구로 사용하실 것이다.

그러므로 우리가 구해야 할 빵은 양식이 아니라 하나님의 말씀이다. 주목해야 할 것은 내가 당하는 고난이 아니라 변함이 없으신 하나님의 헤세드다. 기억해야 할 것은 우리의 약점이 아니라 그 약점을 사용하셔서 우리를 세우시는 하나님의 능하심이다. 인생의 흉년 중에 있는가? 그 흉년은 피하라고 주신 것이 아니다. 이기라고 주신 것도 아니다. 인생의 흉년은 그 뜻을 물으라고 주신 것이다. 그래서 그 흉년 중에라도 하늘의 양식인 말씀을 붙들고, 하나님의 헤세드를 발견하고, 기어이 우리를 세우시는 하나님을 발견하라고 주신 것이다. 빵을 찾아 약속의 말씀을 떠났는가? 빵보다 중요한 것도 있음을 기억하고 다시 일어설 수 있기 바란다.

Sharing 1

1. 빵이 없어 빵을 찾아 열심히 일하는 것은 잘못이 아니다. 하지만 이때 조심해야 할 것이 무엇인가? 그 이유는 무엇인지 엘리멜렉의 가문을 교훈삼아 나누어 보라.

2. 우리 인생에 흉년이 찾아와도 무엇은 남았음을 기억해야 하는가? 하나님은 우리의 약점조차도 사용하실 수 있는 분임을 믿는가?

3. 인생의 흉년을 주시는 이유는 무엇이라고 생각하는가? 하나님은 빵보다 중요한 것은 무엇이라고 말씀하시는가?

Question

2

마음이 공허한 그대에게

텅 빈 우리를 어떻게 채우시는가?

(룻기 1장 6-18절)

　내 삶은 행복한가? 열심히 하면 누구든지 자신이 원하는 수입을 얻을 수 있고, 마음만 먹으면 보람 있게 일할 수 있는 직업을 선택할 수 있는가? 잠자리에 들 때 근심 없이 평안하게 잠들고, 일어날 때는 하루에 대한 기대 때문에 새벽부터 심장이 두근거리며 일어나는가? 대부분 '아니'라고 답할 것 같다. 오히려 우리의 삶은 반대에 가깝다. 몸은 피곤한데 잠은 오지 않고, 그래서 핸드폰을 만지작거리다가 겨우 잠에 빠져 든다. 그런데 금방 알람이 울린다. 아침에는 심장이 두근거리기는 커녕 심장이 움직이지를 않는 쪽에 더 가깝다. 아침부터 걱정으로 피곤해하면서 시한부 인생처럼 겨우 일어난다. 행복하냐는 질문은 사치스럽게 느껴진다. 그냥 '밥은 먹고 다니냐?' 정도로 묻는 것이 더 마음에 와닿을 것 같다. '어떻게 한국에 살면서 행복하냐는 질문을 하는가?'라고 반문하는 사람도 있을 것 같다.

　'국가별 행복 지수(World Happiness Report)'라는 것이 있다. '지속가능발

전해법네트워크(SDSN)'라는 유엔 산하 단체가 매년 156개국을 대상으로 이 행복 지수를 발표한다. 보통 국내총생산(GDP), 기대수명, 사회적 지원, 선택의 자유, 부패에 대한 인식, 그리고 사회의 너그러움 등을 기준으로 산출한다. 우리나라는 57위를 차지했다. 항상 1위가 궁금할 텐데, 1위는 핀란드다. 한국의 청소년, 아동의 행복 지수는 이미 알다시피 OECD 국가 중 꼴찌다. 그것도 현저한 꼴찌다.

청년들도 심각하다. 전 세계 청년들이 약 18억 명 정돈데, 그중에 절반 이상이 백수라고 한다. 5억 명이 실업, 불완전 고용이고, 6억 명 이상이 '니트족(NEET族)'이다. 니트족이란 'Not in Education, Employment or Training'의 약자로, 교육, 취업도, 직업 훈련도 받지 않는, 주로 부모와 함께 살면서 돈이 필요하면 1~2일간 알바를 하는 이들을 일컫는 말이다. 일할 의사가 있지만, 일하지 못하는 실업자와 구분하는 말이다. 글로벌 경기침체의 가장 큰 타격을 입은 것은 커리어도, 경력도 없는 청년들이다. 성인 실업률의 평균 2배로 이 상황은 10년 이상 지속될 것으로 전망된다. 당신은 행복한가? 이제는 "뭐요?"라고 역정을 낼 것 같다.

바야흐로 인생의 길목 중에 가장 행복한 길목에 서 있어야 할 청년들조차 세상의 희망이 아니라 가장 불쌍한 세대가 되어 가는 듯하다. 그래서 사람들은 아재 개그로 한 번 웃고, 루저(loser) 문화에 편승하면서,

그냥 저냥 살아간다. 예수 믿는 사람들도 별반 다르지 않다. 한 마디로 텅 비어 있다. 그걸 대변해 주는 것이 한국 대학가만 책방이 없다는 점이 아닐까? 죄다 술집에다 음식점뿐이다. 우리는 어떻게 살아야 할까? 시대가 이러니 어쩔 수 없는 노릇이라 생각하고, 그냥 교회만 다니면 되는가? 텅 빈 우리의 삶을 어떻게 채울 수 있을까? 룻기의 이야기는 바로 이 이야기를 우리에게 전한다.

앞부분에서 저자는 계속해서 나오미만 남았음을 강조하고 있었다. 구약의 전체적인 사상이 뭔가 하면 '남은 자(Remnant) 사상'이다. '남은 자 사상'이란 단순히 말하면 하나님께서 이방에 남겨 두신 당신의 백성들을 돌아오게 하셔서 축복하신다는 개념이다. 룻기는 남은 자를 돌아오게 하시는 하나님의 헤세드를 보여주는 책이다. 본문은 남은 자 나오미를 다시 베들레헴(빵집)으로 돌아오게 하시는 장면이다. 본문을 통해서 우리는 하나님께서 나오미처럼 텅 빈 우리를 어떻게 채우고 싶어 하시는지 확인할 수 있다.

채움의 삶에 필요한 세 가지

6절에는 "그 여인이 모압 지방에서 여호와께서 자기 백성을 돌보시사 그들에게 양식을 주셨다 함을 듣고 이에 두 며느리와 함께 일어나 모압 지방에서 돌아오려 하여"라고 말한다. 텅 빈 나오미의 삶을 채우시기 위해 하나님께서는 세 가지 작업을 선행하셨음을 확인할 수 있다.

첫 번째로 하신 일은 "듣게 하는 것"이었다. 나오미는 '여호와께서 베들레헴에 양식을 주셨다'는 소식을 들었다. 원문에 있는 리듬을 살려 보면, '라테트 라헴 라헴'이다. 운율이 "라라라"다. 기쁨의 소리다. 나오미는 하나님이 돌보신다는 이 기쁨의 소리 '라라라'를 들었다. 하지만 엘리멜렉은 모압의 소리, 세상의 소리를 들었다. 그래서 다 잃었다. 우리의 텅 빔이 채워지려면 우리는 하나님께로부터 오는 소리를 들어야 한다. 그렇지 않고 세상으로부터 오는 소리에 울고 웃으면 우리의 삶은 갈수록 텅 비게 된다. 가나안을 차지하려면 가나안을 알아야 하는 것이 아니라 하나님의 말씀을 들어야 하는 것이다.

두 번째는 "있던 곳에서 나오고 두 며느리도 그와 함께하여 유다 땅으로 돌아오려고 길을 가다가"라는 7절의 말씀을 통해 알 수 있다. 두 번째는 "있던 곳에서 나오는 것"이다. 우리가 하나님의 채우심을 경험하려면 우리가 머문 그 자리에서 나와야 한다. '베들레헴에 양식을 주셨다, 빵집에 빵이 있다.'라는 소리를 듣는 것만으로는 채워지는 인생이 될 수 없다. 하나님께서 돌보셔도 그냥 있으면 저절로 채워지는 법은 없다. 그 음성을 듣고 내가 있던 그 죄 된 곳에서, 그 습관의 자리에서 떨

치고 일어나 나와야 한다. 결단이다.

세 번째는 "돌아오는 것"이었다. 룻기에서 '돌아오다(슈브)'라는 말은 무려 열 한 번이나 등장한다. 어디로 돌아오는 이야기일까? 하나님의 말씀, 하나님의 돌보심이 있는 곳으로 돌아오는 이야기다. 신명기 30장 9,10절에 보면, "네가 네 하나님 여호와의 말씀을 청종하여 이 율법책에 기록된 그의 명령과 규례를 지키고, 네 마음을 다하며 뜻을 다하여 여호와 네 하나님께 돌아오면, 네 하나님 여호와께서 네 손으로 하는 모든 일과 네 몸의 소생과 네 가축의 새끼와 네 토지 소산을 많게 하시고 네게 복을 주시되, 곧 여호와께서 네 조상들을 기뻐하신 것과 같이 너를 다시 기뻐하사 네게 복을 주시리라"라고 말씀하신다. 여기서 말씀하시는 복의 개념은 '채우심'이다.

하나님은 이렇게 우리를 채우신다. 하지만 온전한 채움은 우리가 노력해서 얻는 것이 아니다. 하나님은 그저 우리에게 필요한 것을 채우시는 정도가 아니라 상상도 못 할 가공할 만한 것으로 우리를 채우기를 원하신다. 이 놀라운 비밀이 나오미와 두 며느리 사이에 오고 간 세 번의 대화 속에 숨어 있다. 이 세 번의 대화 속에서 상상을 초월하는 우리를 채우시는 방식에 관한 이야기가 숨어 있다.

첫 번째 대화(8~10절)

첫 번째 대화는 나오미가 두 며느리에게 '너희 어머니의 집으로 돌아가라.'라고 하는 대화다. 며느리들은 불순종한다. 고부(姑婦)갈등처럼 보인다. 한때 시어머니가 며느리 집에 찾아오시지 못하도록 아파트 이름을 어렵게 짓는다는 말이 있었다. 월드메르디앙, 미켈란쉐르빌, 아카데미스위트, 하이케리온…. 그러자 시어머니가 시누이랑 함께 찾아와서 더 힘들게 하니까 이제는 다시 쉬운 이름으로 짓는다고 한다. 나오미와 며느리들은 어떤 관계였길래 이렇게 대화가 안 풀리는 것일까? 정말 고부갈등일까?

8절을 보면, "나오미가 두 며느리에게 이르되 너희는 각기 너희 어머니의 집으로 돌아가라 너희가 죽은 자들과 나를 선대한 것 같이 여호와께서 너희를 선대하시기를 원하며"라고 말한다. 보통은 '아버지 집으로 돌아가라.'라고 한다. 그런데 여기서는 특이하게 '어머니 집'으로 돌아가라고 말하고 있다. 왜 어머니 집일까? 성경에서 '어머니 집'이라는 말은 딱 세 번만 나온다(창24:28, 아3:4, 8:2). 하나하나 살펴보면, 전부 결혼과 관련된 상황에서 쓰인다는 사실을 알 수 있다. 그러니까 나오미가 두 며느리에게 어머니 집으로 가라고 한 것은 아마도 고향으로 돌아가 재혼하고 살라는 말을 한 것일 테다. 가문의 남자들을 다 잃고, 재산도

탕진하고, 모든 걸 잃은 늙은 나오미에게 이제 가장 필요한 존재는 며느리들이다. 그런데 나오미는 '내 딸들아'하면서 어린 며느리들에게 재혼을 권유하고 있다. 적어도 나오미라는 시어머니는 며느리들을 사랑하고 있는 것 같다.

이에 대해 며느리들은 "어머니의 백성에게로 돌아가겠나이다."라고 말한다(10절). 나오미 입장에서는 돌아가는 것이다. 하지만 두 며느리에게는 돌아가는 것이 아니다. 생판 모르는 곳으로 가는 것이다. 이스라엘로 간다는 말은 문화적 이질감과 민족적 차별을 감내하고 개종까지 하겠다는 말일 것이다. 두 며느리가 텅 빈 나오미를 얼마나 인간적으로 잘 채우고 있는가? 며느리들도 역시 시어머니를 사랑하고 있다. 틀림없이 고부갈등은 없다.

8절을 자세히 보라. '선대하다'라는 말이 두 번 나온다. 뒤에 나오는 '여호와께서 베푸실 선대(헤세드)'와 앞에 나오는 '두 며느리가 베푼 선대(아사)'는 다른 단어다. 두 며느리의 선대는 인간적인 사랑을 베풀었다는 뜻이다. 당시 결혼 풍습대로라면, 며느리들은 불과 십 대로, 많이 돼 봐야 이십 대 초반의 어린 여인들이다. 그런데도 모든 것을 잃은 텅 빈 나오미와 함께하겠다고 그녀를 선대한다. 인간적으로 최고의 사랑과 인애를 베풀었다는 말이다. 대단하다. 우리 문화에서는, 한국의 성장 발

달 단계로는 쉽게 이해되지 않는 연령대의 성숙함이다. 두 며느리의 사랑은 우리가 그토록 바라는 바로 그 인간다움의 사랑과 인애, 선대함이다. 우리에게 필요한 그것이 맞다. 하지만 이것이 진정으로 하나님께서 우리 인생을 채우시고자 하는 방법은 아니다. 대화는 두 번째 대화로 이어진다.

두 번째 대화(11~14절)

11~14절까지는 나오미가 다시 돌아가라고 설득하는 장면이다. 결국, 며느리 오르바는 돌아간다. 하지만 룻은 그러지 않았다. 여기서 우리는 쉽게 오르바를 비난할 수 있다. 유대교 학자들도 오르바는 돌아가서 심한 폭력과 윤간(輪姦)까지 당했다고 말한다. 근거 없는 말이다. 정작 성경 저자는 오르바를 비난하지 않는다. 오르바는 앞서 살핀 대로, 인간이 베풀 수 있는 최고의 선대를 베풀려고 한 장본인이다. 오르바는 비난의 대상이 아니라 룻과 대조하여 룻의 선대를 부각하는 역할을 할 뿐이다.

그에 반해 룻은 어떻게 했는가? 14절 끝에 보면, "룻은 그를 붙좇았더라"라고 말한다. 이 '붙좇다(따바크)'라는 말은 '두 개의 물체가 하나로 달라붙다.'라는 뜻이다. 성경에서 제일 처음 등장하는 곳이 창세기 2장

24절의 '남자가 그 부모를 떠나 여자와 합하여'라고 할 때 '합하여(따바크)'가 바로 '붙좇다'다. 그러니까 룻은 갈 곳이 없어서 그냥 나오미와 함께 가겠다고 한 것이 아니라 아예 시어머니와 하나가 되겠다는 말을 한 것이다. 정말 헌신적인 사랑이요 희생이다. 우리가 감탄하고 존경하는 그것이다. 하지만 이것도 하나님께서 우리를 채우고자 하시는 온전한 방법은 아니다. 정말 하나님께서 우리를 채우고자 하시는 방법은 세 번째 대화에서 드러난다.

세 번째 대화(15~18절)

나오미는 남은 룻에게 '너의 신들에게로 돌아가라'라고 명한다(15절). 하지만 룻은 고집을 피운다. 룻은 이렇게 대답한다. "룻이 이르되 내게 어머니를 떠나며 어머니를 따르지 말고 돌아가라 강권하지 마옵소서. 어머니께서 가시는 곳에 나도 가고, 어머니께서 머무시는 곳에서 나도 머물겠나이다. 어머니의 백성이 나의 백성이 되고, 어머니의 하나님이 나의 하나님이 되시리니, 어머니께서 죽으시는 곳에서 나도 죽어 거기 묻힐 것이라. 만일 내가 죽는 일 외에 어머니를 떠나면 여호와께서 내게 벌을 내리시고 더 내리시기를 원하나이다 하는지라(16,17절)" 이것이 구약에 나오는 가장 위대한 고백 중에 하나다. 이방 여자, 그것도 십 대, 혹은 이십 대 초반의 어린 자매의 입에서 신구약 전체의 핵심적 메시지가 드러난다. 그것이 무엇일까?

'어머니께서 죽으시는 곳에서 나도 죽어 거기 묻힐 것이라'라는 고백은 죽을 각오로 따라가겠다는 듣기 좋은 거짓말이 아니다. 당시 매장 풍습을 보면, 유대인들의 무덤에는 방이 두 개 있었다. 사람이 죽으면 시체를 두어 썩히는 방이 있고, 그 옆에 조상들의 뼈를 함께 보관하는 방이 따로 있었다. 시체가 썩어 뼈만 남게 되면, 그 뼈들을 뼈만 보관해 두는 방으로 옮겨 조상들과 함께 있게 했다. 그러니까 룻의 고백은 '이 몸이 죽고 죽어 일백 번 고쳐 죽어, 백골이 진토 되어 넋이라도 있고 없고 함께 하겠다.'라는 고백이다. 죽음에 이르도록 함께 하겠다는 단호한 고백이었던 것이다. 그래서 나오미도 더 이상 설득하지를 못한 것이다(18절).

이 고백의 핵심은 "어머니의 백성이 나의 백성이 되고, 어머니의 하나님이 나의 하나님이 되시리니"이다(16절). 이 고백이 신,구약 전체의 핵심이라고 할 수 있는 이유는 "보지 않고 믿는 믿음"의 고백이기 때문이다. 룻은 하나님을 본 적이 없다. 그모스를 믿는 땅에서 태어나서 자랐다. 하지만 시집을 와서 하나님의 백성과 살면서 하나님을 알게 되었을 것이다. 그래서 왕이 없어 자기 소견에 옳은 대로 사는 시대에 진정한 왕은 그모스가 아니라 여호와임을 믿게 되었을 것이다. 그래서 죽음으로라도 하나님 편에 있고자 선택한 고백인 것이다. 그래서 가장 위대한 고백 중 하나가 되는 것이다.

룻의 상징성

우리는 룻의 상징성을 읽어야 한다. 텅 빈 나오미는 바로 우리다. 빵을 찾아 말씀을 저버리는, 그래서 자꾸만 텅 빈 인생으로 곤두박질치는 우리가 바로 나오미다. 그런 나오미에게 룻은 어떤 존재인가? 하나님의 선물이다. 나오미가 가는 곳에 함께 가고, 나오미가 머무는 곳에 함께 머물고, 나오미가 죽는 곳에도 함께 하는 존재다. 하나님의 선물 맞다.

그럼 우리에게 룻과 같은 하나님의 선물은 뭘까? 생각해 보라. 텅 빈 우리와 늘 함께하시는 분, 우리가 가는 곳에 함께 가고, 우리가 머무는 곳에 함께 머물고, 죽음의 강을 건너는 그 순간에도 함께 하시는 분이 누구신가? 바로 예수 그리스도다. 더 정확하게 말하면 예수의 영, 성령님이시다. 룻은 바로 하나님의 선대하심, 헤세드를 드러내는 성령을 의미한다고 볼 수 있다. 그래서 유대인들은 룻기를 성령이 임하신 오순절에 읽었던 것은 아닐까?

헤세드는 '약한 자가 곤경에 처했을 때 강한 자가 그럴 의무가 없음에도 불구하고 자발적으로 약한 자를 위해 충성하는 것'이다. 이것이 하나님의 헤세드다. 하나님께서 우리를 채우고자 하시는 가장 온전한 방식이다. 바로 '성령의 채움, 성령의 충만함'이다. 성령이 우리를 온전하고 완벽하게 채우고자 하시는 하나님의 방식이다. 인간적인 선대도 필요하다. 헌신적이고 희생적인 사랑도 중요하다. 하지만 그것만 가지고는 우리 인생은 채워지지 않는다. 하나님의 성령이 텅 빈 우리 가운데 임하셔야 비로소 채워지는 것이다.

우리에게 성령은

우리 안에 이미 성령이 계시다. 그런데 왜 우리는 채워지지 않는 것일까? 나오미에게 룻은 하나님의 선물이다. 하지만 다른 각도로 보면, 꼭 그런 의미만 있는 것은 아니다. 현실적으로 보수적인 유대 공동체로 돌아가는 나오미에게 모압 며느리는 골칫거리일 수 있다. 오히려 유대 땅에서 살게 되면 모압 며느리는 나오미에게 조롱거리다. 그래서 어떻게 보면 따라온다고 하는 룻이 나오미 입장에서 거추장스러울 수 있다. 보잘것없고, 인생에 도움이 안 되는 것처럼 보일 수 있단 말이다. 하지만 틀림없는 하나님의 선물이다.

우리에게 성령은 어떤 분인가? 성령은 텅 빈 우리를 채우시는 하나님의 선물이 맞다. 하지만 현실적으로 우리에게 성령님은 그런 의미뿐일까? 너무나 자주 보잘것없다고 생각이 들지는 않는가? 성령이 내주하신다고 해서, 취업에 가산점을 주는 것도, 승진이 빨리 되는 것도 아니지 않은가? 보이지 않으니까, 강권적인 역사가 없으니까, 세상을 살아가는데 성령의 임재는 오히려 불편함을 주고, 우리를 조롱거리가 되게 하기도 한다. 때로는 죄책감을 주는 골칫거리처럼 여겨질 때도 있다.

하지만 기억하라. 예수 그리스도의 영, 곧 성령의 임재와 충만함만이 텅 빈 우리를 채우시는 하나님의 유일한 방식이다. 다른 것으로는 채워지지 않는다. 지금까지 사람에게 그렇게 사랑해 달라고 했지만 채워지지 않았던 이유, 그렇게 미련을 가졌지만 안 채워진 이유가 이것이다. 혹시 지금도 인생의 갈증 때문에 다른 무엇인가에 집착하고 있다면 내려놓기 바란다. 그것으로는 안 채워진다. 오로지 성령으로만 우리 인생을 채울 수 있다. 이것을 이십 대의 이방 여인이 깨닫는데, 왜 우리는 머뭇거리고 있는가?

Answer 2

　우리는 행복하지 않다. 너무나 자주 세상의 소리를 듣고 세상의 가치 기준에 울고 웃으며 살았기 때문이다. 우리는 채워지지 않는다. 대부분은 말씀을 떠나 다 잃고 텅 비어 돌아오는 나오미다. 하지만 우리가 하나님의 소리를 듣고, 그분께로 돌이키면, 하나님은 우리를 채우신다. 그 채움의 방식은 룻으로 대변되는 '성령의 함께 하심'이다. 우리가 가는 곳에 함께 가시고, 머무는 곳에 함께 머무시고, 심지어 죽을 때도 함께 하는 예수의 영, 성령과 함께 할 때만 상처 입은 우리 인생은 채워질 수 있다.

　하지만 때로는 그것이 보잘것없고, 골칫거리 같고, 아무짝에도 쓸모없는 것처럼 보일 수 있다. 하지만 아니다. 텅 빈 우리를 채우시는 가장 온전한 방식은 성령 충만뿐이다. 그러므로 이제 더는 세상의 소리에 울고 웃다가 '행복하냐?'는 질문에 답도 못 하는 자리에 있으면 안된다. 그 자리에서 박차고 나와야 한다. 우리를 채우시는 방식에 대한 하나님의 소리에 귀 기울이자. 하나님께서 돌보시사 빵집에 빵을 주셨음을 듣고, 내가 있는 자리에서 박차고 일어나 나와서, 하나님께로, 하나님의 말씀으로 돌아오자. 그러면 약속하신 대로 상처 받아 텅 빈 우리를 하나님의 복으로 가득 채워주실 것이다.

Sharing 2

1. 당신은 행복한가? 그렇지 못하다면 그 이유는 무엇이라고 생각하는가? 당신의 행복의 기준은 무엇인지도 나누어 보라.

2. 하나님께서 우리를 진정으로 채우시고자 하시는 방식은 어떤 방식인가? 혹시 나는 다른 방식이나 대상에 연연해하고 있지 않은가?

3. 성령의 함께 하심에 대한 솔직한 당신의 생각은 무엇인가? 언제나 내게 주신 하나님의 선물로 감사한가? 아니면 거추장스럽고, 불편할 때도 있는가? 그 이유는 무엇인가?

Question 3

상처입은 그대에게
하나님을 원망해도 되는가?
(룻기 1장 19-22절)

하나님을 원망하면 안 된다. 그러면 벌을 받기 때문이다. 하지만 우리는 자주 하나님을 원망한다. 바라던 사업이 잘 안 되고, 생각지도 않았던 질병이 찾아오고, 좋게 지내던 사람이 어느 순간 돌아설 때 하나님을 원망한다. 사랑하는 사람에게 거절당하고, 원하는 시험에 떨어지고, 가고 싶은 대학에 가지 못할 때도 우리는 하나님께 섭섭한 마음이 든다. 대놓고 하나님을 욕하지는 않을지 몰라도 결국은 우리의 원망은 하나님을 향한다. 하지만 원망하면 안 된다. 하나님을 원망하는 것은 어리석은 일이다. 하나님을 원망하면 하나님이 기뻐하지 않으시고, 벌하시기 때문에 하나님을 원망하면 안 된다고 배웠다. 더 큰 고생을 하기 싫으면 힘들어도, 하나님께 섭섭해도, 하나님을 향해서 원망하고 불평하면 안 된다. 그냥 '영적으로 다운됐다.'라고 말하거나 '시험에 들었다.' 정도로 말해야지, '하나님이 나에게 상처를 주셨어.'라고 말하면 안 될 것 같다. 그렇게 우리는 절대자에 대한 기본적인 도의를 배우고 자라왔다.

하지만 내면을 깊이 들여다보면 하나님께 섭섭한 게 한두 개가 아니다. 원하는 물질, 건강, 관계, 대학, 사람, 직장, 기도 제목을 다 안 들어주시고, 도대체 하나님은 어떻게 날 사랑하신다는 건지 모르겠다. 그런데 원망하면 안 된다. 사랑하는 가족이 이토록 힘들어하는데 '왜 그냥 내버려 두시나?', '왜 이렇게 나를 모질게 대하시나?'라고 원망하고 싶지만, 하나님께 원망하는 것은 어리석은 일이라고 배웠다. 이렇게 쓰리고 아픈 게 우리 인생인데, 하나님은 원망도, 불평도 하지 말라고 엄포를 놓으시는 것 같다. 과연 이게 우리가 믿는 하나님일까? 사실 하나님은 우리에게 '나를 원망해라.'라고 말씀하신다. 이게 도대체 무슨 뚱딴지같은 말일까?

온 성읍이 떠들다!

룻기 1장의 끝부분은 나오미와 룻이 베들레헴으로 돌아가서 마을 사람들을 만나는 장면이다. 넉 절밖에 되지 않지만, 이 이야기 안에 굉장한 비밀이 숨어 있다. 19절을 보면, "이에 그 두 사람이 베들레헴까지 갔더라 베들레헴에 이를 때에 온 성읍이 그들로 말미암아 떠들며 이르기를 이이가 나오미냐 하는지라"라고 되어 있다. 두 여인이 "베들레헴까지 (아드)" 갔다. '베들레헴으로'가 아니다. 어떻게 느껴지는가? 아마 처음에는 고향인 베들레헴으로 가려고 한 것이 아니지 않았을까? 모든 것을 다 탕진해 버렸으니 부끄러워서 아무도 모르는 다른 곳에 가서 살려고 했었던 것 같다. 하지만 여의찮았을 것이고, 결국은 고향인 베들레헴까지 가게 되었다는 것처럼 들린다. 어려운 결심으로 돌아간 것일 테다.

어쨌든 성읍으로 들어가자 온 성이 난리가 났다. "떠들었다."라는 말은 엄청 요란스럽게 온 성에 이슈가 되었다는 뜻이다. 여성형으로 쓰였다. 그러니까 나오미와 룻이 성에 도착하자 여자들이 막 떠들어 댄 것처럼 들린다. 나의 본가 가족은 조용한 가족이다. 20대의 어느 날 활달한 자매를 만나 행복한 연애를 하고 결혼을 했다. 그런데 좀 지나면서 보니까 이 여자가 막 떠드는데 정신이 혼미하다. 딸을 낳았다. 이제 둘이서 떠든다. 그리고 몇 년 있다가 아들이 태어났다. '이제 드디어 내 편이 생겼구나!' 생각했다. 그런데 아들은 떠듦의 결정체였다. 잠에서 깨면 말부터 하고, 조용해서 보면 잠이 들어 있는 정도였다. 이처럼 여기서 '떠들었다.'라는 말은 그저 시끄러웠다는 말이 아니라 베들레헴 성 전체가 온통 나오미 일로 난리가 났다는 말이다.

뭐라고 떠들었는가? '이이가 나오미냐?(19절)' 이게 무슨 말인가? 경상도 사투리로 '가가 가가?'다. '그 사람이 정말 그 사람 맞아?' 이것을 신라 시대 수도권 지역의 언어로 하면 '가가 가가?'다. 이렇게 쉬운 말을 성경은 '이이가 나오미냐?'라고 거추장스럽게 말한다. 하지만 원문으로 보면, 이 말은 의문문이 아니라 감탄문이다. 사람들이 왜 이렇게 떠들어 대며 감탄의 말들을 하는가? 풍족해서 떠났던 나오미가 빈손으로 와서 도저히 믿기지 않았기 때문이다. 그리고 룻이라는 모압 여자 하나를 며느리라고 달랑 데리고 왔기 때문이다. 마치 우리 교회 청년부에서 착실하게 잘 섬기던 오빠가 1년 동안 칠레에 교환학생으로 갔다 오더니, 코에 피어싱을 하고 와서는 이름을 '곤잘레스'로 불러 달라고 하는 상황이랑 비슷하다. 그래서 사람들이 '이이가 나오미냐?'라고 떠들고 있는 것이다.

하나님께 상처받다

그러자 나오미가 아주 희한한 말을 한다. 그것은 '이제부터는 나를 나오미라 부르지 말고 나를 마라라 부르라. 왜냐하면 전능자가 나를 심히 괴롭게 하셨기 때문이다(20절)'라는 말이다. '나오미'라는 이름의 의미가 '기쁨'인데, '기쁨'이라고 하지 말고, 이제부터는 '마라'라 부르라고 말한다. '마라'라는 뜻은 '나오미라고 부르지 마라.'라는 의미가 아니라 '쓰다, 쓰라리다.'라는 의미다. 이제는 쓰라림이라고 부르라는 뜻이다. 그 이유가 뭔가? '전능자가 나를 심히 괴롭게 했기 때문'이라고 말한다.

여기서 '전능자'는 '샤다이(almighty)'로 하나님을 의미한다. '괴롭게 하다(마라르).'라는 말도 '마라'와 어근이 같다. 그러니까 정확하게 번역하면, '전능하신 하나님이 나를 쓰라리게 하셨으니 이제부터는 나를 쓰라림이라고 불러라.'라는 말이다. 어떻게 보면, 동네 사람들에게 하는 말이지만, 사실은 하나님이 들으시라고 하는 말처럼 보인다. 21절에도 보면, '괴롭게 하셨다(라아).'라는 말을 쓰는데, 이 말은 '마라르' 보다 더 심한 '깨뜨리다, 부수다.'라는 뜻이다. 나오미 말을 정리해 보면, '하나님께서 나에게 상처를 줬다.'라는 뜻이다. 불평이다. 하나님에 대한 공개적인 원망이다. 아예 동네 사람들 앞에서 작정을 하고 하나님을 원망하고 있는 것이다. 세상에······.

하나님의 반대 증언

하나님께 불평해도 되는 것일까? 21절을 보면, "내가 풍족하게 나갔더니 여호와께서 내게 비어 돌아오게 하셨느니라 여호와께서 나를 징벌하셨고 전능자가 나를 괴롭게 하셨거늘 너희가 어찌 나를 나오미라 부르느냐"라고 되어 있다. 여기서 '징벌하다(아나뻬).'라는 말은 쉽게 말해 '대답하다(아나).'와 '~에 반대하여(뻬)'라는 말이 합쳐진 말이다. 그러니까 "~반대하여 대답하다."라는 말이다(출20:16, 민35:30). 한 마디로 '반대 증언(反對證言)'이란 뜻이다. 법정에서 검사가 피고의 진술을 뒤집는 반대 증언을 말한다. 그처럼 하나님께서 나오미의 인생에 대해 반대 증언을 하셨다는 뜻이다. 나오미가 '저 기근 때문에 그랬어요. 떡이 없어서 베들레헴을 떠났어요. 이유가 있었습니다.'라고 말하자 하나님은 '아니다, 틀렸다.'라고 반대 증언을 하셨다는 말이다. 21절의 뉘앙스는 이 하나님의 반대 증언에 나오미가 한 마디도 반박할 수 없었다는 의미를 전달한다. 그래서 하나님께 상처받았다고 말하는 것이다.

하지만 예상 밖의 상황을 목격하게 된다. 그것은 성경이 나오미의 이 불평과 원망을 전혀 정죄하고 있지 않다는 것이다. 어떻게 해석해야 할까? 사실 구약을 잘 살펴보면, 하나님에 대한 공개적인 불평이 여러 번 등장한다. 대표적인 사람이 욥이다. 이유 없는 고난 가운데 욥은 결국 하나님께 불평을 토로했다. 예레미야도, 아브라함도, 엘리야도 하나님께 공개적으로 불평을 했다는 것을 알 수 있다. 이것을 소위 '불평의 신학(Theology of Complaint)'이라고 한다. 캠벨 몰간(Campbell Morgan)은 이에 대해서 '하나님 앞에서 용인되는 불평이 있다. 불평은 때로 하나님을 진정으로 경외하는 자의 근본적인 태도가 될 수 있다.'라고 말한다. 잘 생각해 보라. 언제 우리의 불평조차도 하나님을 경외하는 태도가 될 수 있겠는가? 바로 하나님의 전적인 주권을 인정할 때다. 21절의 나오미의 말을 자세히 보면, '여호와께서 내게 비어 돌아오게 하셨다.'라고 말한다. '내가 돌아왔다.'가 아니다. 이 말은 여호와의 주권을 인정한다는 뜻이다. 하나님의 전적인 주권을 믿는 자만이 하나님을 원망할 수 있는 것이다.

차라리 하나님께 불평하라

우리에게 인생의 고난이 찾아오고 그로 인해 내 영혼에 마른 먼지만 날릴 때가 분명 있다. 그래서 사람들은 교회를 떠나기도 하고, 말씀을 떠나고, 하나님을 떠나기도 한다. '그 사람이 나에게 상처 주었기 때문'에, '그때는 내 신앙이 너무 어렸기 때문'이라고 말할 수 있다. '아무도 나와 함께 해 주지 않았기 때문'에 그랬다고 말하고, '그렇게 기도했는데 응답해 주시지 않았기 때문'이라고 말한다. 어떤 이는 자신이 생각하기에 너무 큰 죄를 지었기 때문에 교회를 나올 수 없었다고 말한다. 어릴 때는 열심히 했는데, 대학 가서 성적(性的)으로 무너지고, 죄인 줄 알면서도 반복적으로 그 욕망에 집착하는 내 모습을 보면서 교회를 떠났다고 말한다. '그때는 신앙적으로 내가 너무 약했다'라고 말한다. 다 이유가 있었다.

하지만 기억할 것이 있다. 그것은 우리 인생이 하나님을 떠나면, 언젠가는 텅텅 빈 채로 하나님의 반대 증언을 듣게 되는 날이 반드시 찾아 온다는 사실이다. 그때는 아무리 변명해도, 아무리 이유가 있었다고 말 해도 절대 하나님 앞에서 반박할 수 없는 그런 날이 찾아온다는 것이 다. 하나님을 떠나서는 결코 '풍족함'이나 '기쁨(나오미)'이 될 수 없다. 아 무리 애를 써도 결국 고스란히 텅 빈 모습으로 내 인생이 '마라(쓰라림)' 임을 깨닫게 될 것이다. 그래서 고작 할 수 있는 말이란 '나도 젊을 때 그렇게 살았는데, 너 그렇게 살면 후회한다.'라는 말뿐이다. 인생의 한 시점을 사는 우리는 솔로몬의 충고를 잊지 말아야 한다. '네 마음대로 살아라. 하지만 언젠가 심판하실 너의 창조주가 있다는 사실을 기억하 라.'

그럼 어떻게 해야 할까? 하나님께 상처받았다고 여겨진다면 차라리 하나님을 원망하라. 떠나면 안 된다. 하나님 앞에서 그 서글픈 마음을 토로하고 불평하라. 하나님 앞에서 욕을 하라. 그래도 된다. 단 불평의 조건이 있다. 그것은 하나님의 주권을 전적으로 인정하는 것이다. 하나 님의 주권을 인정하는 것이 뭔가? 그 불평 안에 하나님이 다시 치료해 주시고 싸매실 것이라는 믿음을 담는 것이다. 내 인생을 하나님께서 정 말로 책임지신다는 사실을 믿는다면, 아니 그래 주셨으면 좋겠다면 감 히 하나님 앞에서 '하나님이 저에게 상처 주셨잖아요.'라고 말할 수 있다. '하나님이 나를 이런 가정에서 태어나게 하셨잖아요.'라고 말할 수 있는 것이다. 왜냐하면, 하나님이 나의 상처를 싸매실 것이기 때문이고, 나의 텅 빔을 채우실 것이기 때문이다. 우리가 믿는 하나님은 우리를 싸매시고, 채우시는 것이 주업(主業)이라 하실 만큼 우리를 사랑하시는 분이다. 우리의 불평까지도 하나님을 경외하는 태도로 봐주실 수 있는 인격적인 분이시다. 이런 신은 세상에 없다. 내가 알기로.

어떻게 채우시는가?

하나님은 나오미를 어떻게 싸매 주실지 22절 말씀을 통해 우리에게 힌트를 주신다. "나오미가 모압 지방에서 그의 며느리 모압 여인 룻과 함께 돌아왔는데 그들이 보리 추수 시작할 때에 베들레헴에 이르렀더라" 1장은 '베들레헴을 떠난 것'으로 시작해서 '베들레헴으로 돌아온 것'으로 끝이 난다. 베들레헴, 떡집이 1장을 싸고 있는 소위 '인클루지오(Inclusio)' 구조다. 핵심이 뭔가? 어떤 이유에서든, 무슨 짓을 했었든 돌아오면 하나님의 치유는 일어난다는 것이다. 도대체 22절에 어디에 치유라는 말이 있는가? 한 번 찾아보자. 말씀이 얼마나 재미있는지 경험하게 될 것이다.

나오미와 룻이 돌아온 때가 언제인가? '보리 추수 시작할 때' 돌아왔다. 이 시기는 3월 중순에서 4월 중순 정도까지 약 6~7주 정도 되는데, '첫 이삭을 드리는 절기'라고도 한다. 이때가 언젠가 하면, 쉽게 설명하면 우리가 아는 유월절 시즌이다. 이 말은 나오미의 치유와 회복이 유월절과 관련이 있다는 말처럼 들린다.

유월절이 뭐 하는 날인가? 이스라엘 백성들이 출애굽을 할 때 애굽의 장자들을 죽이신다고 하신 날 밤, 어린 양을 잡아서 자기 집 문지방만 빼고, 문인방(upper door post)과 좌우 설주(side posts)에 바르면, 그걸 바른 집은 죽음의 사자가 넘어갔다고 해서 '유월절(Passover)'이다. 이 절기는 장차 유월절 어린 양으로 십자가에 못 박혀 죽으실 예수 그리스도를 예표하는 절기다. 예수께서 십자가에 못 박히신 절기가 유월절이고, 그래서 성경은 예수님을 '유월절 어린 양'이라고 칭한다. 그 예수의 피를 우리 가슴에 바른 자는 산다. 그러니까 우리를 치유하시고, 채우시는 방식이 십자가와 관련이 있다는 말이다.

예수께서 십자가에 못 박히실 때 거기에 여러 명의 여자가 함께 있었다. 마태복음 27장 56절에 보면, "그중에는 막달라 마리아와 또 야고보와 요셉의 어머니 마리아와 또 세베대의 아들들의 어머니도 있더라"라고 말한다. 그리고 예수님의 어머니 마리아도 있었다. 그런데 특이한 게 있다. 여자들의 이름이 전부 '마리아'다. 세베대의 아들들의 어머니는 '살

로메'인데, 일부러 그 이름은 소개하지 않는 것처럼 보인다. 전부 마리아라고만 강조한다. 왜 십자가 근처에 있었던 여인들의 이름을 의도적으로 마리아라고 하는 것일까? 나는 여기에 하나님의 놀라운 메시지가 있다고 상상해 본다.

신약의 '마리아, 마리암'은 히브리어 이름 '미리암'의 헬라식 이름이다. 학자들은 '미리암'이 애굽어로 '가장 사랑받는'이라는 뜻인 '마르예'에서 왔다고 추측을 한다(Walter Bauer, J.H.Thayer). 하지만 히브리어로 '미리암'은 '반역, 완고, 씀'이라는 뜻이다. 바로 '마라'를 어근으로 하는 단어다. 십자가 밑에 마리아들만 있다. 쓰라린 여인들, 마라들이 울고 있는 것이다. 하지만 결국, 십자가의 예수, 유월절 어린 양이신 예수로 인해 이들은 기쁨, 진정한 나오미들이 되지 않는가? 그러므로 나오미가 유월절 절기에 베들레헴으로 돌아왔다는 사실은 그녀의 마라와 같은 인생이 결국 유월절 십자가에 달린 예수로 인해 다시 기쁨, 나오미가 될 것을 말하는 것은 아닐까?

왜 룻기는 나오미가 떡집, 베들레헴으로 돌아왔다는 사실을 강조하는가? 예수님이 바로 우리의 '생명의 떡'이시기 때문이다. 십자가 밑으로 오기만 하면, 생명의 떡이신 예수께로 돌아오기만 하면, 우리의 쓰라림도 기쁨으로 바뀌게 될 것이다. 우리가 지금 마라, 쓰라림의 시간을 지나고 있다면, 호세아의 절규를 기억하자. "오라 우리가 여호와께로 돌아가자 여호와께서 우리를 찢으셨으나 도로 낫게 하실 것이요 우리를 치셨으나 싸매어 주실 것임이라(호6:1)" 왜 우리가 여호와께로 돌아가야만 하는가? 오직 그분만이 우리를 낫게 하시고, 싸매실 수 있기 때문이다. 하지만 먼저 기억할 것은 여호와께서 찢으셨음을, 여호와께서 치셨음을 인정하는 것이다. 하나님의 전적 주권, 전적 섭리를 믿는 것이다. 그런 자만이 돌아올 수 있다. 돌아오기만 하면 우리를 다시 낫게 하시고, 싸매시고, 채우실 것이다. 이것을 믿는 자만이 하나님께 상처받았다고 말할 수 있다는 사실을 기억하자.

Answer 3

하나님을 떠나서는 결코 풍족함과 기쁨이 될 수 없다. 나오미로 살 수 없다. 마라, 쓰라림일 뿐이다. 하나님께 불평해도 되나? 해도 된다. 하나님의 절대적인 주권을 인정하고, 텅 빈 우리를 하나님께서 다시 치유하실 것과 채우실 것을 믿으면 불평하는 것도 하나님을 경외하는 자세가 될 수 있다. 우리 하나님은 우리의 인생의 불평까지도 하나님을 경외하는 것으로 여기실 수 있는 그런 분이시다.

불평할지언정 떠나지 말라. 그렇지 않으면 언젠가 하나님의 엄중한 반대 증언 앞에 결코 반박할 수 없는 텅 빈 자신을 맞닥뜨리게 될 것이다. 돌아와야 한다. 생명의 떡이신 예수께로 돌아오기만 하면 마라 같은 우리의 쓰라림을 다시 낫게 하시고, 싸매셔서 풍족함과 나오미, 기쁨이 되게 하실 것이다.

Sharing 3

1. 하나님께 불평한 적이 있는가? 어떤 이유로 불평했는지, 그리고 그 후에 내 삶에는 어떤 일이 있었는지 나누어 보라.

2. 룻기는 우리의 불평조차도 하나님을 경외하는 태도가 될 수 있다고 말한다. 그 조건이 무엇인가? 당신은 그 조건이 충족하는 믿음을 가지고 있는가? 그렇지 못하다면 그 이유는 무엇인가?

3. 하나님께 불평할지언정 떠나지 말아야 한다는 말에 동의하는가? 그 이유는 무엇인가? 당신의 삶에 불평할 수 있는 요소들을 찾고, 그 불평이 경외하는 태도가 되게 하려면 어떤 노력을 할 수 있을지 나누어 보라.

Question

4

우연을 찾는 그대에게

섭리는 어떤 가면을 쓰고 오는가?

(룻기 2장 1-7절)

　예배를 드리는 데 집중하지 못하게 하는 것이 많다. 친구 따라 교회를 왔는데 대각선 앞자리에서 꿈에도 그리던, 정말 숨이 멎을 정도로 아름다운 그녀를 발견했다면 어떨 것 같은가? 아마 예배드리기가 쉽지 않을 것이다. 나는 대학 다닐 때 굉장히 열정적인 그리스도인이었다. 그래서 자매 보기를 돌멩이 정도로 여겼다. 오해하지는 말라. 자매들을 비하하는 것은 아니다. 그만큼 연애보다는 주님을 사랑하기에 힘썼다는 말이다. 어느 날 채플을 드리는데, 내 옆에 좀 이쁜 돌멩이가 앉게 되었다. 하지만 나는 '돌멩이가 약간 매끈하네' 정도로 생각하고 말았고, 예배드리는 데 전혀 지장이 없었다. 그런데 얼마 뒤에 우연히 그 돌멩이가 TV에서 미스 코리아가 되는 것을 보았다. 몇 달 뒤에 그 자매가 다시 학교로 돌아왔고, 내 옆에 앉아 함께 예배를 드렸다. 그날 나는 예배드리는 데 상당한 지장을 받았다. 정말 맘 잡기가 쉽지 않았다. 예의상 인사라도 해야 할 것 같았다.

만약 이런 경우를 당했다면 어떻게 할 것 같은가? 나는 회개했다. 왜냐하면, 지금까지 내 외모가 얼마나 많은 자매의 예배를 방해했을까 하는 생각 때문이었다. 세상에서 가장 멋진 사람을 한 자로 하면 뭐라고 하는가? '나'다. 그럼 두 자로 하면 '나나'다. 석 자로 하면 '역시 나'다. 외모에 자신은 없지만, 하나님 사랑을 많이 받다 보니까 극단성 자기 칭찬 호르몬 과다 분비증이 생겨서 이젠 정말 자신 있는 건 외모뿐이다. 우리는 이런 걸 '가면'이라고 한다.

평생 '인간이란 무엇인가?'를 연구해 온 폴 투루니에(Paul Tournier)는 「인간의 가면과 진실」이라는 책에서 '인간은 모두 가면을 쓰고 살아가는데, 이 가면 인간이 참된 인간의 면모를 회복하는 것은 신과의 접촉뿐'이라고 말했다. 우리가 하나님께 나아갈 때 비로소 우리의 가면을 벗을 수 있다는 말이다. 우리가 우리의 가면을 벗으면 놀랍게도 하나님의 가면이 보인다. 우리가 그 하나님 앞에 참된 모습으로 설 때 우리는 하나님의 가면과 생얼을 구분할 수 있다.

룻기 2장은 드디어 룻과 보아스가 만나는 내용이다. 룻은 밭에 나가 이삭을 줍다가 우연히 보아스의 밭에 가게 되고, 마침 보아스가 그 밭에 이르러 룻에 대해 사환들에게 질문하는 내용이다. 이 짧은 내용이 현대를 사는 우리에게 주시는 교훈이 크다.

섭리는 우연이라는 가면을 쓴다

룻은 생계를 위해서 나오미의 허락을 받고 이삭을 주우러 나갔다. 그런데 어떤 일이 벌어졌는가? 룻이 이삭 베는 자를 따라 밭에서 이삭을 줍다가 우연히 엘리멜렉의 친족 보아스에게 속한 밭에 이르게 된다(3절). '우연히' 보아스의 밭에 가게 된 것이다. 그런데 룻이 보아스의 밭으로 간 것이 우연일까? 잠언 16장 9절에 보면, "사람이 마음으로 자기의 길을 계획할지라도 그의 걸음을 인도하시는 이는 여호와시니라"라고 말한다. 우연처럼 보이지만 틀림없는 하나님의 섭리다. 그런데 성경은 '우연(미크레하)'이라고 소개한다. 보아스의 등장도 어떻게 묘사하는지 보라. 4절 초반부에 보면, "마침 보아스가 베들레헴에서부터 와서"라고 말한다. 여기서 '마침(힌네)'은 '그런데, 어~, 헐~'과 같은 의미로 이해하면 된다. 성경은 지금 이 둘의 만남이 우연이 아니라 신적 개입으로 진행되고 있다는 말을 하는 것이다.

이것을 '섭리(Providence)'라고 한다. 제1차 바티칸 공의회는 '섭리란 하나님이 우주의 모든 피조물에 대한 애정으로 그의 뜻을 이루는 활동'이라고 했다. 여기에는 우리 인간들의 자유 의지가 포함된다. 그러니까 하나님의 섭리란 그 안에 우리의 자유 의지도 포함되는 개념이다. 하나님께서 우리를 사랑으로 돌보고 계신 것이 섭리다. 하나님의 섭리는 하나님의 생얼과 같다. 하지만 하나님은 수줍음이 많으셔서 생얼을 잘 보여 주지 않으신다. 하나님은 새벽 2시에도, 새벽 4시에도 2대8 가르마에 동동 구루무를 바르신 모습이다. 하나님의 생얼을 보면 죽는다. 마치 남편이 화장 지운 아내의 얼굴을 보고 토를 달면 굵게 되고, 형제들이 수련회 가서 자매들의 생얼을 보고 입을 여는 순간 재앙이 닥치는 이치와 같다.

이 말은 하나님의 섭리는 잘 안 보인다는 뜻이다. 그래서 하나님의 섭리는 '우연'이라는 가면을 쓰고 있다. 우리는 하나님의 섭리를 보고 싶어 한다. 그래서 기적 속에서, 비범함 속에서 섭리를 찾으려 한다. 하지만 생얼이 화장에 가려져 있는 것처럼 '섭리'는 '일상'과 '평범'이라는 화장 속에 가려져 있다. 그래서 잘 안 보인다. 하지만 인생은 이 섭리로 진행된다.

섭리는 운명이 아니다

그렇다고 섭리가 운명적인 것은 아니다. 1절을 잘 보라. "나오미의 남편 엘리멜렉의 친족으로 유력한 자가 있으니 그의 이름은 보아스더라"라고 말한다. 보아스를 1절, 3절에서 반복해서 '엘리멜렉의 친족'이라고 소개한다. 룻기에서 보아스는 장차 나오미의 가문을 살릴 '기업 무를 자(고엘)'로 등장한다. '고엘'이란 친족이 자식이 없이 죽으면 그 남은 미망인과 결혼하여 그 형제의 대를 잇는 사람을 일컫는 말이다. 하지만 1절과 3절은 보아스를 '기업 무를 자(고엘)'라고 소개하지 않는다. 그냥 아는 '친족(모다)'이라는 다른 단어를 사용한다. 왜 성경은 보아스를 '기업 무를 자(고엘)'가 아니라 그냥 '친족(모다)'이라고 소개하는 것일까? 그 이유는 하나님의 섭리는 운명적으로 정해진 것이 아님을 드러내기 위해서라고 말해도 크게 과장은 아닐 것이다. 실제로 보아스보다 더 앞선 고엘이 있었다(3:13).

많은 그리스도인이 예정론(Predestination)에 대해 불편해한다. 예정론이란 '하나님께서 구원할 자와 유기(遺棄)할 자를 미리 정해 놓으셨다'라는 뼈대를 갖는 이론이다. 그래서 지옥 갈 사람은 아무리 노력해도 지옥에 갈 수밖에 없다고 생각하는 것이다. 하지만 분명한 것은 예정론은 운명론이 아니라는 점이다. 예정론은 우리의 구원을 보는 일종의 관점이라고 이해하면 좀 더 쉬울 것 같다. 지금의 자리에서 과거를 돌아보며 하나님의 은혜를 감사하기 위한 관점이다. '돌아보니 나 같은 놈도 구원하시기 위해서 붙드셨구나!'를 깨닫고 감사하는 관점이다. 하지만 운명론은 지금의 자리에서 미래를 보는 관점이다. '나는 아무리 해 봐야 결국 천국엔 못 가겠구나!' 하는 것이다. 예정론은 운명론이 아니다. 예정론은 전도의 열정을 감소시키는 것도, 하나님의 구원 의도를 오해케 하는 것도 아닌 하나님의 사랑을 발견하고 감사하기 위한 안경과 같다. 예정론이 아니고는 하나님의 전능하심이 성립이 안 된다. 믿지 않고 죽은 자는 결국, 구원을 못 하신 것이 되니까 말이다. 분명한 것은 하나님의 섭리는 운명론적인 것이 아니라는 점이다.

우리는 자신의 삶을 운명론적으로 보는 경향이 있다. 그래서 '난 학교도 별로고, 직장도 별로니까 그냥 별 볼 일 없는 인생일 거야!', '난 가진 것도 별로 없고, 잘하는 것도 없으니 앞으로도 내 인생에 기적은 없을 거야!'라고 생각하는 것이다. 하지만 하나님의 섭리와 역사는 - 굳이 축복이라고 표현해도 좋다. - 정해진 것이 아니라 움직이는 개념이다. 성경은 하나님의 섭리는 그 사람의 삶으로 결정 되어져 간다는 뉘앙스를 풍기고 있음을 염두에 두는 것은 지나친 생각이 아니다.

하나님의 섭리는 어떻게 찾아오는가?

먼저 룻을 생각해 보자. 2절, "모압 여인 룻이 나오미에게 이르되 원하건대 내가 밭으로 가서 내가 누구에게 은혜를 입으면 그를 따라서 이삭을 줍겠나이다 하니 나오미가 그에게 이르되 내 딸아 갈지어다 하매" 룻은 '내가 누구에게 은혜를 입으면'이라고 말한다. 이삭을 줍는 것이 남에게 은혜를 입어야 할 수 있는 일인가? 아니다. 레위기 19장 9,10절에 보면, "너희가 너희의 땅에서 곡식을 거둘 때에 너는 밭 모퉁이까지 다 거두지 말고, 네 떨어진 이삭도 줍지 말며, 네 포도원의 열매를 다 따지 말며 네 포도원에 떨어진 열매도 줍지 말고 가난한 사람과 거류민을 위하여 버려두라 나는 너희의 하나님 여호와이니라"라고 말씀하셨다. 이삭을 줍는 것은 가난한 자의 특권이었다. 하지만 현실은 그렇지 않았다. 밭 주인이 허락해 주어야 가능한 일이 되어 버렸다. 절대 마음만 먹어서 되는 쉬운 일이 아니었던 것이다. 그런데도 이삭을 주우러 가겠다고 나오미에게 허락을 받는 룻의 모습을 보라. 이는 늙은 시어머니 나오미를 봉양하기 위해서다. 시어머니를 헤세드로 대하고 있는 것이다. 삶의 방향이 헤세드고, 삶의 이유도 헤세드다. 룻은 헤세드를 실천하고 있다.

보아스도 어떤 사람인지 생각해 보자. 4절에 보면, "마침 보아스가 베들레헴에서부터 와서 베는 자들에게 이르되 여호와께서 너희와 함께 하시기를 원하노라 하니 그들이 대답하되 여호와께서 당신에게 복 주시기를 원하나이다 하니라"라고 소개한다. 히브리인들의 인사법에는 두 가지가 있다고 한다. 첫 번째는 서로 축복하는 것인데, 이것은 대등한 친구 사이에 하는 인사법이다. 두 번째는 엎드려 무릎을 꿇고 하는 축복인데, 이는 낮은 사람이 높은 사람에게 하는 인사법이다. 보아스는 자신의 종들에게 서로 축복하는 인사를 나누고 있다. 이로 보건대, 보아스 역시 헤세드를 실천하는 사람이다.

5절도 보면, "보아스가 베는 자들을 거느린 사환에게 이르되 이는 누구의 소녀냐"라고 질문한다. 언뜻 보면 '누구 여친이냐?' 하는 것처럼 들린다. 그러면 '누구 여자요.'라고 하면 되는데, 사환들은 다르게 설명한다. 7절에서 사람들은 "그의 말이 나로 베는 자를 따라 단 사이에서 이삭을 줍게 하소서 하였고 아침부터 와서는 잠시 집에서 쉰 외에 지금까지 계속하는 중이니이다"라고 말한다. 이 말을 쉽게 의역하면, '새벽부터 지금까지 그녀가 집에서 잠시 쉬고는 정말 계속해서 서서 일하고 있습니다.'라는 뜻이다. 보아스가 룻에게 관심을 가진 이유는 그녀의 성실한 모습 때문이다. 룻의 미모에 끌려서 '누구 여친이지?'라고 한 것이 아니다. 룻은 얼굴이 이뻐서 한순간에 팔자 고친 신데렐라가 아니다.

하나님의 섭리는 헤세드를 실천하는 자에게 찾아온다. 그리고 하나님은 헤세드를 실천하는 이들을 통해 일하신다. 그래서 결국 이들을 통해 다윗이 태어나고, 궁극적 헤세드이신 예수께서 탄생하시는 것이다. 그렇기 때문에 세상 살면서 좀 어리숙해 보이고, 바보 취급당해도 된다. 아니 그게 우리 인생의 목적이면 더 좋겠다. 억울해도, 욕먹어도 헤세드가 '주님 가신 길이다.' 싶어서 그걸 내 인생의 기쁨이고 방향으로 삼는 것이다. 그러면 그때부터 하나님께서 그 사람을 붙들고 쓰시지 않을까? 정말 하나님께 쓰임 받고 싶다면 헤세드를 실천하는 자가 되라. 하지만 정말 바보가 되지는 말아라.

헤세드는 어떻게 드러나는가?

1절은 보아스를 '유력한 자(기쁘르 하일)'라고 소개한다. 난외주처럼 그냥 '부호(富豪)'라고 생각하면 안 된다. '하일'은 인격도 포함하는 말이기 때문이다. 그러니까 '따봉, 스고이, 출중한 남자'와 같은 뜻이다. 그런데 이 말이 룻에게도 똑같이 쓰인다. 3장 11절의 '현숙한 여자(에세트 하일)'가 바로 그 뜻이다. 룻도 '따봉, 스고이, 출중한 여자'다. 하지만 생각해 보라. 사회적 관념상 룻은 절대 출중한 여자가 아니다. 가난하고, 돌싱에, 이방 모압 여자다. 그런데도 성경은 룻을 출중한 여자라고 소개한다. 유대인의 성경을 보면, 룻기는 잠언 뒤에 있다. 잠언의 마지막 장이 '현숙한 여인(에세트 하일)'에 대한 내용이다. 그다음이 룻기다. 어떤 생각이 드는가? 그러니까 룻기는 '현숙한 여인(에세트 하일)의 실례'를 든 이야기가 되는 셈이다.

사회적으로 보면, 보아스는 엄청난 재력가에, 인격도 출중했다. 그에

비해 룻은 아무것도 없는, 그것도 영원히 총회에 들어오지 못하는 모압의 과부다. 보아스의 짝으로는 안 맞아도 너무 안 맞는다. 룻이 한국의 아침 드라마 여자 주인공이라면 시어머니가 뭐라고 했겠는가? 틀림없이 '내 눈에 흙이 들어가기 전에는 절대로 안 된다.'라고 했을 것이다. 하지만 성경은 이 둘을 똑같이 '출중한 남자'와 '출중한 여자'로 정의한다. 출중한 남자와 출중한 여자가 만난 것이다. 이것이 하나님의 섭리적 관점에서 이해할 수 있는 사람의 가치다.

우리는 스스로를 어떻게 생각하고 있는가? 돈도 없고 배운 것도 많이 없어서 나 같은 사람은 출중한 사람이 아니라고 생각하는가? 잘난 것도 없고, 자식들도 그저 그러니까 난 별 볼 일 없는 사람이라고 생각하는가? 아니다. 그건 세상에서 살다가 끝날 사람들의 가치관이다. 세상 잠깐 살다가 천국에서 영원을 살 사람들은 그런 가치관에 놀아나면 안 된다.

이 섭리적 관점은 배우자를 찾는 청년들에게는 너무나 중요한 관점이다. 결혼 적령기의 자녀를 둔 부모가 절대 간과해서는 안 되는 하나님의 가르침이기도 하다. 세상은 비슷한 사람끼리 만나야 행복할 수 있다고 말한다. 일면 맞는 말이다. 비슷한 학벌에, 어느 정도는 뒷바라지 할 수 있는 집안에, 연봉도 어느 정도 이상인 직장에, 이쁜 얼굴과 바람

직한 몸매를 가져야 출중한 남녀(하일)라고 말한다. 하지만 그건 비슷한 것이 아니다. 진짜 비슷해야 하는 것은 바로 삶의 방향이고, 가치이기 때문이다.

무엇이 우리를 출중하게 하는가?

여기에 우리가 던져야 할 중요한 질문이 있다. '무엇이 우리를 출중한 사람으로 만드는가?' 하는 것이다. 그것은 노후 걱정 없이 살 수 있게 벌어놓은 재산이 아니다. 사회적으로 성공했다, 출세했다는 달콤한 소리 듣는 것도 아니다. 주일도 없이 정신없이 쌓아가는 스펙이나 인턴 경험이 아니고, 문제 몇 개 더 맞춰서 졸업장 한 장 얻는 학벌도 아니다. 우리를 진정으로 출중하게 하는 것은 우리의 삶의 방향이다. 바로 헤세드다. 헤세드의 실천을 삶의 목적으로 삼고, 부족해도 조금씩 실천하며 사는 사람이 진짜 출중한 사람이다.

똑같이 교회에서 헌신하는데 저 집사님에 비해 왜 우리 집은 돈이 없어 이렇게 힘들까를 생각하는가? 배운 것도, 아는 것도 별로 없어서 부끄러운가? 똑같이 충성했는데, 누구는 장로 되고 권사 되는데 나는 안 되서 마음이 어려운가? 나도 기도하는데 우리 집 자식들은 아직도 잘 안 되서 별 볼 일 없다고 생각되는가? 원하는 대학이 아니라서 상처받

앉는가? 고등학교 졸업하고 직장을 가고, 재수학원에 등록하는 게 부끄러운가? 나보다 공부 못하는 애가 나보다 더 좋은 대학에 가면 자존심 상하는가? 아니다. 그건 우리를 출중하게 하는 기준이 아니다. 우리를 출중하게 하는 것은 헤세드를 삶의 이유로 삼고, 바보 소리 들어도 그 길만 따라 사는 것이다.

그리스도인은 일상(日常)을 비상(飛翔)할 수 있어야 하고 평범(平凡)을 비범(非凡)하게 볼 줄 알아야 한다. 그리고 감사해야 한다. 왜냐하면, 그 안에 하나님의 섭리가 숨어 있기 때문이다. 잘 안 보일 뿐이다. 바울은 감옥에 가서도 감사했다. 조금만 잘했으면, 더 지혜롭게 전도했으면 감옥에 가지 않고 자유롭게 복음을 전할 수 있었을 것이다. 하지만 바울은 그렇게 생각하지 않았다. 섭리적 관점으로 받아들였다. 우리가 조금만 더 열심히 했으면, 조금만 더 멀리 내다보고 투자를 했더라면, 더 많은 것을 가졌을지 모른다. 더 많은 문제를 맞혔으면 원하는 대학에 갈 수 있었을지 모른다. 하지만 일상과 평범을 섭리적 관점으로 볼 수 있어야 한다.

우리가 출중한 인생인가는 단언컨대 학벌도, 재물도 아닌 감사로 결정된다. 우리를 정말 비참하게 하는 것은 삶의 방향이 헤세드가 아닌 것이다. 세상에서 가장 비참한 것은 조금 살고 인생을 아는 척하는 것이고, 책 한 권 읽고 전문가처럼 말하는 것이고, 다 배우지도 않은 신학생이 교회를 비판하는 것이다. 하나님 나라의 백성이 세상 가치로 사는 것이다. 우리는 하나님의 가치인 헤세드로 살아야 한다. 헤세드가 삶의 방향이고, 삶의 이유인 사람이 가장 출중한 사람이고, 예수님을 가장 많이 닮은 사람이고, 하나님을 가장 영광스럽게 드러내는 사람이다.

Answer 4

　하나님의 섭리는 우연이라는 가면을 쓰고 있다. 운명적으로 결정되어있는 것이 아니라 일상과 평범함 속에서 헤세드를 실천하는 사람에게 찾아온다. 헤세드를 실천하는 것이 우리를 출중하게 하는 것이다. 헤세드가 삶의 방향과 이유인 사람은 그런 사람에게 끌리게 된다. 그리고 하나님은 그런 만남을 통해 하나님의 궁극적 헤세드인 예수 그리스도를 드러나게 하신다. 함께 헤세드가 삶의 이유고, 삶의 방향이 되라고 우리를 한 공동체로 불러 주신 것이다.

　하지만 그 하나님의 섭리는 잘 안 보인다. 그래서 낙담하고 나는 별 볼 일 없는 사람인 것처럼 착각하며 산다. 그렇지 않다. 헤세드가 삶의 방향이고, 이유이고, 기쁨인 사람이 가장 출중한 사람이다. 일상과 평범의 가면 뒤에 계신 하나님의 섭리, 헤세드를 기억함으로 출중한 인생이 되자. 헤세드를 실천함으로 예수를 닮아가고, 하나님을 드러내는 우리가 되어야 한다.

Sharing 4

1. 하나님의 섭리(축복, 인도하심, 역사하심...)는 우연과 평범이라는 가면을 쓰고 있다는 말에 동의할 수 있는가? 그렇게 생각하는 이유는 무엇인가?

2. 당신은 출중한 사람인가? 그렇게 생각하는 이유는 무엇인가? 성경이 말하는 출중함과 세상이 말하는 출중함은 어떻게 다른지 자기 생각을 나누어 보라. 그리고 우리가 얼마나 세상 가치 기준에 근거하여 살고 있는지도 직면하는 시간을 가져 보라.

3. 헤세드를 실천하는 사람이 가장 출중한 사람이다. 구체적으로 나는 나의 삶의 자리에서 어떻게 헤세드를 실천할 수 있을지 나누어 보라.

Question

5

착하지 못한 그대에게

왜 우리는 착하게 살아야 하는가?

(룻기 2장 8-16절)

　여러분은 착한가? 왠 뚱딴지같은 질문인가 할 것이다. 예수 믿는 사람은 착하게 살아야 하는가를 질문하는 것이다. 착하게 살아야 한다면 그 이유가 뭘까? 성경이 착하게 살라고 했기 때문인가? 아니면 기독교인이라면 그래야 하는 일종의 종교적, 윤리적 당위성 때문인가? 악하게 살면 벌 받으니까 착하게 살아야 하는가? 그것도 아니라면 예수를 믿게 되면 착해지는 것일까? 하지만 현실에서 우리는 예수를 믿는데도 착하지 않다고 느껴지는 사람들을 간혹 만나게 된다. 그럼 그 사람은 예수를 안 믿는 것일까? 과연 착함과 예수 믿음은 어떤 관계가 있을까?

　'착하다.'라는 말의 의미는 아시다시피 '마음이 곱고 어질다.'라는 뜻이다. 착한 사람은 누구와도 다투지 않고, 이해심이 넓은 사람이다. 불과 80년대만 해도 우리 사회의 가장 큰 미덕은 누가 뭐래도 '착함'이었다. 그래서 소설 속 주인공은 다 착한 사람이었고, 근대사의 애환을 노래한 대중가요도 그 노랫말을 엿들어보면, '얼굴이 이뻐야 여자냐? 마음이 고와야 여자지.'라고 하면서 모두들 착함을 칭송했다.

하지만 요즈음은 착하다는 말의 의미가 많이 와전(訛傳)되었다. 요즘 남자 청년들에게 착한 여자는 별 기대감을 주지 못하는 것처럼 보인다. 구매자 입장에서 물건 값이 싸면 '착한 가격'이고, 몸매가 이뻐도 '착한 몸매'라는 말을 쓴다. 또 얼굴이 별로인 자매에게 '얼굴이 착해.'라고 말하기도 하고, 별로 잘 하는 것이 없는 친구를 소개할 때 '음 근데 걔는 착해.'라고 말한다. '근데'를 왜 붙이는 것일까? 착함이란 현대 사회에서는 별로 선호하는 덕목이 아닌 것처럼 보이지 않는가?

그런데 어떤 분이 '착하다.'라는 한글을 한자로 아주 재미있게 해석을 하셨다. 사실은 '착하다.'라는 말이 성경적인 말이라는 것이다. '붙을 착(着)' 자로 보면, 양(羊)자와 삐침 별(丿)자, 눈 목(目)자가 합쳐진 글자니까, 지팡이(丿)를 들고 돌보고(目) 있는 목동 곁에 양(羊)이 딱 붙어있는 것이 '착하다.'의 의미라고 한다. '우리의 참 목자되신 주님께 붙어있는 것이 착한 것'이라는 의미에서 상당히 감동적인 해석이다. 그러니 이런 맥락에서는 예수님을 떠나면 착할 수가 없다. '교회 안 다녀도 착하게 살면 되지.'라는 말은 틀린 말이다. 교회 안 다니면 착할 수 없다. 이번 주에는 교회에서 만날 지체에게 착하다고 꼭 말해 주라.

오늘 이야기는 착한 보아스가 착한 룻과 대화하는 내용을 다룬다.

흔히들 이 대화를 보아스와 룻의 로맨스로 보지만, 사실 이 대화 이면에 로맨스보다 더 중요한 교훈이 숨어 있다. 이 대화의 내용을 따라가 보면 우리의 삶의 방향이 보인다.

보아스의 배려

보아스는 룻을 향해 '내 딸아 들으라.'라고 말한다(8절). 많은 자매가 보아스 같은 형제를 달라고 기도한다. 하지만 오늘날의 시각으로 보면, 좀 생각해 보아야 할 기도 제목이다. 왜냐하면, 보아스는 늙은 사람이었고, 결혼도 했을 가능성이 거의 99%다. 이 말을 영어로 보면 'Listen carefully My daughter.'다. 뭘 주의해서 들으라는 말인가? 크게 세 가지의 말이다.

첫째는 '다른 밭으로 가지 말고 여기서 떠나지도 말라.'라는 것이다. 여기서 '떠나지 말라(아마르)'는 "경계선을 넘지 말라."는 관용어다. 당시 밭들은 오늘날처럼 명확한 경계선이 없었고, 그래서 자신도 모르게 다른 밭으로 들어가면 무슨 일을 당할지 모르는 이방 여인의 신분이었기 때문이다. 지켜 주겠다는 말이다.

둘째는 '나의 소녀들과 함께 있으라.'라고 말한다(8절). 그런데 9절에는 '소년들에게 명령하여 너를 건드리지 말라 하였다.'라고 되어 있다. 21

절에도 '내 소년들에게 가까이 있으라.'라고 말했다. 분명히 소녀들과 함께 있으라고 했는데, 9절, 21절은 '소년들'이라고 되어 있다. 그래서 어떤 분들은 8절의 '소녀'는 '소년'을 잘못 표기한 것이라고 주장한다. 과연 그럴까? 9절을 자세히 보면, '그들이'라는 말이 두 번 나온다('그들이 베는 밭을 보고 그들을 따르라'). 앞에 나오는 '그들(카차르)'은 '수확하다.'라는 말의 남성 복수를 의역한 것이다.

하지만 두 번째 나오는 '그들(아하르)'은 '뒤에, 후에'라는 의미의 여성 복수 전치사다. 그러니까 분명히 소녀들과 함께 있어 따르라는 말이 맞다. 여기서 소녀들이란 이삭을 줍는 가난한 여인들을 말하는 것이 아니다. 당시 추수할 때 남자 일군들이 곡식 단을 베면, 그것을 따라가면서 바로 다발로 묶는 역할을 했던 주인이 부리는 여성 노동자들을 의미한다. 그 당시에는 추수를 하고 있을 때에 가난한 사람들이 거기 들어가서 이삭을 주울 수는 없었다. 그런데 가난한 여인 - 주인이 부리는 노동자가 아닌 - 룻이 그 소녀들과 함께 있게 한 것은 일반적으로 이삭을 줍는 여인들로부터 룻을 분리를 시켜서 단을 묶는 여인들과 함께 있게 하면서 이삭을 주울 수 있게 해 주었다는 뜻이다. 특혜다. 어떻게 보면 채용 비리요, 엄청난 배려다.

셋째는 "소년들에게 명하여 건드리지 말라 하였고 목이 마르거든 그

릇에 가서 소년들이 길어 온 것을 마시라"라고 했다(9절). 이 말은 상당히 포괄적인 말이다. 젊은 남자들이 모압의 젊은 자매를 어떻게 하지 못하도록 명한 것이기도 하고, 일꾼들이 먹는 물을 함께 먹도록 하면서도 뭐라고 말하지 말라는 명이기도 하기 때문이다. 한 마디로 내 종들이 누리는 모든 것을 누리라고 말한 것이다.

보아스가 룻에게 한 말은 떠나지 말고, 함께 있어, 모든 것을 누리라는 말이다. 그 당시로는 상상하기 어려운 굉장한 배려다. 헤세드를 베푼 것이다.

보아스가 헤세드를 베푼 이유

이렇게 나이 많은 남자가 젊은 여자에게 너무 잘해주니까 "룻이 엎드려 얼굴을 땅에 대고 절하며 그에게 이르되 나는 이방 여인이거늘 당신이 어찌하여 내게 은혜를 베푸시며 나를 돌보시나이까"라고 질문한다(10절). 당시 유대 사회는 세 개의 신분 계급이 있었다. 첫 번째가 '이스라엘' 백성들이고, 두 번째가 '게르' 우거하는 자들, 그리고 세 번째가 '노크리'로 가장 천한 신분인 이방인들이다. 유대 사회는 신분에 따라 확연한 차별이 있었다. 형제에게는 이자를 받지 못하지만, 노크리에게는 받을 수 있었고 빚 독촉도 할 수 있었다. 또 자신들은 못 먹는 스스로 죽은 것을 노크리들은 먹게 했다. 룻은 노크리 중에서도 가장 천한 과부다. 어쩌면 보호자도 없고, 얼굴 반반한 젊은 여자를 돈 많고 늙은 보아스가 어떻게 해 보려는 심산일 수도 있지 않겠는가? 그래서 호의를 베푸는 이유를 알고 싶었는지 모른다.

하지만 보아스의 대답은 달랐다. 보아스는 '네 남편이 죽은 후로 네가 시어머니에게 행한 모든 것과 네 부모와 고국을 떠나 전에 알지 못하던 백성에게로 온 일을 내가 알고 있었다.'라고 말한다(11절). 보아스가 은혜를 베푼 이유는 크게 세 가지다. 첫째는 룻이 남편이 죽은 후로 시어머니에게 행한 일 때문이고, 둘째는 고국을 떠나 알지 못하던 백성에게로 온 것 때문이다. 한마디로 하면, 바로 '룻이 베푼 헤세드 때문'이라는 말이다. 그래서 룻기의 기자는 '소녀들과 함께 있으라(따바크, 8절)'는 말도 일부러 앞에서 '룻이 시어머니를 붙좇았더라(따바크)'라고 할 때 사용했던 말을 동일하게 쓰고 있다. 헤세드를 베풀며 살았던 룻에게 헤세드가 찾아온 것이다. 그리고 12절에 보면 세 번째 결정적인 이유가 나온다. "여호와께서 네가 행한 일에 보답하시기를 원하며 이스라엘의 하나님 여호와께서 그의 날개 아래에 보호를 받으러 온 네게 온전한 상 주시기를 원하노라 하는지라" 보아스가 룻에게 헤세드를 베푼 궁극적인 이유는 여호와께서 룻의 헤세드를 보답하시기를 원했기 때문이다.

그래서 자신도 헤세드를 실천하고 있다는 말이다.

왜 헤세드를 베풀며 살아야 하는가?

여기서 질문을 해 보자. 그냥 하나님이 보답하시면 되지, 왜 보아스가 보답을 해야 하는 것일까? 착하게 산 룻에게 하나님께서 보답하시면 되지, 왜 굳이 보아스가 착하게 보답을 해 주어야 하는가 하는 말이다. 이 질문은 현대를 살아가는 우리에게 중요한 질문이다. 왜냐하면 '예수 믿는 사람은 왜 착하게 살아야 하는가? 왜 교회 다니는 사람은 헤세드를 실천해야 하는가?'라는 질문이기 때문이다.

이 해답의 힌트는 12절에 "온전한 상"이라는 말이 가지고 있다. '온전하다.'라는 말은 'perfect'가 아니라 '샬렘'이다. 우리가 아는 '샬롬'에서 온 말이다. 온전한 상이란 '샬롬의 상'이다. 그럼 샬롬의 상으로서의 헤세드가 뭘까? 바로 샬롬의 아들, 예수 그리스도를 의미한다. 보아스가 룻에게 헤세드를 실천하는 이유는 그 역시도 이 온전한 상, 샬롬의 상, 진정한 헤세드, 예수 그리스도를 기대하고 있기 때문이라는 뜻이다.

우리가 왜 헤세드를 실천하며 살아야 하는가? 그것은 우리의 헤세드가 진정한 헤세드를 드러내기 때문이다. 마태복음 5장 7절에 보면, "긍휼히 여기는 자는 복이 있나니 그들이 긍휼히 여김을 받을 것임이요"라고 말한다. 여기서 '긍휼(엘레오스)'이 바로 히브리어로 '헤세드'다. 뒤의 '긍휼히 여김을 받다.'는 말은 신적 수동태로 되어 있다. 그러니까 이 말은 '긍휼(헤세드)를 베풀면 다른 사람에게도 긍휼히 여김(헤세드)을 받을 것이다.'가 아니라 '하나님으로부터의 진정한 긍휼히 여김(헤세드)을 받을 것이다.'라는 의미다. 그래서 우리는 헤세드를 실천하며 살아야 하는 것이다. 착하게 살아야 하는 것이다.

누가복음 1장 77, 78절에 보면, 하나님을 '긍휼(헤세드)의 하나님'이라고 소개한다. 이 말을 이해할 수 있는가? 나는 좋은 아빠는 아니다. 하지만 과거 아이들을 혼내키는 날에는 밤에 잠을 못 잤다. 아이가 많이 아프면 부모가 더 아프다는 말이 무슨 말인지는 안다. 가슴에 불이 붙는 것 같았다. 그러던 어느 날 세월호 사건이 터졌다. 딸 나이의 아이들이 어른들의 안일한 태도 때문에 차가운 바닷속에서 죽었다. 그렇게 이쁜 아이들이 활짝 한 번 피어보지도 못하고 싸늘한 시체가 되어 돌아왔다. 그래서 다른 심방 스케줄이 있는 차에 일부러 시간을 내어 안산 장례식장엘 찾아갔다. 죽은 아이들에게 미안하다는 말밖에 할 말이 없었다. 그 후로는 약간 트라우마 같은 게 생긴 것 같았다. 세월호 관련해서는 마음이 힘이 들어서 관련 기사를 읽지를 못했다.

바로 이런 류가 아닐까? 하나님이 긍휼의 하나님이시라는 말은 우리가 부족하지만, 긍휼을 베풀고 살려고 노력하면 하나님 마음에 불이 나셔서 견디실 수가 없으신 것이다. 그래서 진짜 헤세드를 우리에게 막 부어 주신다는 말이다. 그러기에 우리는 헤세드를 실천하고 살아야 한다. 그리고 형제를 향한 우리의 헤세드가 결국은 하나님의 헤세드, 온전한 상, 예수로 드러나기 때문이다. 어쩌면 진정한 전도는 삶 속에서 하늘 아버지의 헤세드를 실천하며 착하게 살고, 선을 베푸는 것이 아닐까?

어떻게 헤세드를 실천할 것인가?

우리는 헤세드의 실천을 너무 거창하게 생각하는 경향이 있다. 나는 기도 제목을 금식하며 눈물로 중보해 주고, 풍토병에 걸릴 각오로 아프리카에 가서 선교하고, 빚을 대신 갚아주려고 1년간 외항선을 타는 것 등으로 생각한다. 하지만 하나님께서 원하시는 헤세드는 그런 것이 아니다. 본문은 헤세드의 실천에 대한 힌트를 크게 세 가지로 정리해 준다.

첫 번째는 일상의 필요를 채워주는 것이다. 14절에 보면, "식사할 때에 보아스가 룻에게 이르되 이리로 와서 떡을 먹으며 네 떡 조각을 초에 찍으라 하므로 룻이 곡식 베는 자 곁에 앉으니 그가 볶은 곡식을 주매 룻이 배불리 먹고 남았더라"라고 말한다. 떡을 소스에 찍어 먹게 했고, 볶은 곡식을 배불리 먹고 남을 정도로 주는 것이다. 이것이 헤세드다. 물론 우리는 배불리 먹고 잘 남지 않는 경우가 많다. 많이 먹으니까! 그래서 더 배불리 먹기 위해서 '단짠단짠' 한다. 지금 성경은 보아스가 그녀의 육체적인 필요를 채워 주었다는 말을 하고 있다. 헤세드를 실천하는 것은 거창한 것이 아니다. 그 사람의 필요를 채워주는 것이다. 요즘 예배 나오지 않는 형제와 밥 한 끼 같이 먹어 주는 것이다. 차비가 없으면 차비를 대주기도 하고, 커피 한 잔 마시면서 고민을 들어 주는 것이다. 그것이 헤세드다.

두 번째는 작은 부담도 배려하는 것이다. 15절에 보면, "룻이 이삭을 주우러 일어날 때에 보아스가 자기 소년들에게 명령하여 이르되 그에게 곡식 단 사이에서 줍게 하고 책망하지 말며"라고 말한다. '곡식 단 사이에서 줍게 하고 책망하지 말라(칼람)'는 말은 추수하는 동안에도 이삭을 줍게 하고 '부끄럽게 하지 말라'는 뜻이다. 마음의 부담감까지 가볍게 해 주었다는 말이다. 헤세드를 실천하는 게 뭔가? 육적인 필요뿐만 아니라 마음의 부담감까지도 배려해 주는 것이다. 여친이 많이 먹는다 싶어도 민망하지 않도록 '많이 먹어. 난 볼륨 있는 여자가 좋더라.'라고 말해 주는 것이 헤세드를 실천하는 것이다. 남편에게 복근이 없어도 '아유, 복스러워라. 우리 남친 인격이 출중하시네. 복근 있어 뭐 하게, 빨래는 세탁기가 하는데.'라고 말해 주는 것이다. 머리가 빠져서 고민하는 남편에게 '하나님이 당신 착하다고 요즘 많이 쓰다듬으시나 봐. 머리에 윤기가 나네.'라고 말해 주는 것이다. 그것이 헤세드다. 마음을 읽어주는 것, 배려해 주는 것이 바로 헤세드다.

세 번째는 마음의 상처를 함께하는 것이다. 16절에 보면, "또 그를 위하여 곡식 다발에서 조금씩 뽑아 버려서 그에게 줍게 하고 꾸짖지 말라 하니라"라고 말한다. 원문을 보면, 아주 강한 명령으로 되어 있다. 룻이 모르게 일부러 조금씩 뽑아 버려서 반드시 많이 줍게 하라는 명령이다. 그런데 이 말을 언제 했다고 되어 있는가? '룻이 이삭을 주우러 일어날 때' 했다고 되어 있다. 그러니까 이삭을 주우러 갈 때 룻이 알아차리지 못하게 소년들에게 몰래 명했다는 뜻이다. 이것은 가난한 여인의 아프고 슬픈 상처까지 헤아렸다는 말이다. 아픔을 함께했다는 말이다. 이것이 바로 헤세드를 실천하는 삶이다.

세상에 상처 없는 사람은 없다. 하나님과 자신만 아는 아프고 슬픈 이야기들이 삶의 곳곳에 숨어있다. 상처를 헤아린다는 말은 그 아프고 슬픈 이야기 속으로 함께 걸어 들어가 주는 것을 말한다. 지금 보아스가 룻의 그 아픈 이야기 속으로 들어온 것처럼 말이다. 우리도 형제의 아프고 슬픈 이야기 속으로 들어가야 한다. 그런 헤세드의 실천을 통해 온전한 상, 온전한 헤세드 되신 예수 그리스도가 나와 형제의 아프고 슬픈 삶의 상처 속으로도 들어오시는 것이다. 하나님은 긍휼의 하나님이시다. 그래서 우리가 아무도 귀 기울여 주지 않는 그 형제의 아프고 슬픈 이야기 속으로 걸어 들어가면, 가슴에 불이 붙으셔서 우리의 슬프고 아픈 이야기 속으로도 들어오셔서 진정한 헤세드를 베푸시는 것이다. 그래서 우리는 헤세드로 살아야 하는 것이다.

Answer 5

　기독교인이 착해야 하는 이유는 윤리적 당위성이나 종교적 처벌에 대한 두려움 때문이 아니다. 우리가 헤세드를 실천하며 살아야 하는 이유는 어설픈 헤세드이지만, 그 헤세드의 실천을 통해 하나님의 온전한 헤세드가 드러나기 때문이다. 형제의 필요를 돌봄과 세심한 배려, 형제의 슬프고 아픈 이야기 속으로 들어가 함께하는 그 착함(헤세드)의 실천을 통해 결국 그들이 온전한 상, 온전한 헤세드 되신 그리스도를 만날 수 있기 때문이다.

　헤세드가 헤세드를 낳는다. 우리의 온전치 못한 헤세드의 실천이 하나님의 온전한 헤세드로 드러날 것이다. 진정한 헤세드 되신 예수 그리스도는 우리가 헤세드를 실천할 때만 드러나는 분이심을 기억하자. 그래서 오늘도 형제의 필요를 돌보고, 마음을 헤아리고, 형제의 아픔을 함께하는 우리가 되자.

Sharing 5

1. 그리스도인은 왜 착하게 살아야 하는지 나누어 보자. 그리고 그 착함이 나에게는 있는지, 없다면 그 이유는 무엇인지도 적용해 보라.

2. 본문이 말하는 헤세드(착함) 실천의 세 가지 팁(Tip)을 다시 한번 정리해 보고, 구체적으로 나의 삶에 각각을 적용해 보라. 그리고 실천해 보고, 느낀 점을 나누어 보라.

3. 누군가에게 헤세드를 실천했을 때 어떤 일이 일어났는지 나누어 보라. 그 결과를 헤세드를 실천하는 자에게 하나님께서 헤세드를 베푸신다는 관점에서 잘 정리해 보라.

Question
6

사랑이 식은 그대에게
사랑은 어디까지 흐르는가?
(룻기 2장 17-23절)

 죽고 싶은가? 죽고 싶은 사람은 아무도 없다. 죽음은 슬픔이고 이별이고 두려움이다. 실제로 닥치면 죽음만큼 무서운 것이 없다. 죽음에 대해서 어떻게 생각하느냐를 보면 그 사람들의 성향을 알 수 있다. 영어권에서는 '죽다.'를 'die'라고 한다. '죽었다.'다. 혹은 'expire(숨을 거두었다.)'이나 'lose life(생명을 잃었다.)'라고 하기도 한다. 대단히 직선적이다. 죽음을 죽음이라고 표현한다. 하지만 가만히 생각해 보면, 우리는 죽음을 '죽음'이라고 표현하지 않는 문화다. 죽었다는 표현을 꺼린다. '다 살았다.'라고 하든지, '세상 버렸다, 떠났다, 별세했다.'와 같은 품격있는 말을 쓴다. 요즘 젊은이들은 '헐'이라는 말을 쓴다.

 우리는 죽는다는 표현을 언제 쓰는가? 맛있는 음식을 먹고 '죽인다.'는 말을 쓴다. 좋은 풍광을 보고도 '죽인다.'는 말을 쓰고, 설교를 듣고 은혜받고도 '우리 목사님, 쥑여준다.'라는 말을 쓴다. 어떤가? 가장 큰 슬픔을 미화해서 묘사할 수 있는 민족은 우리 민족 밖에는 없는 것 같지 않은가?

 이런 정서를 헤아리는 문화는 주소 구분에도 나타난다. 서양 사람들은 길(Street)로 표현한다. '난 이 길에 살고, 넌 저 길에 사는 구분'이다. 하지만 우리는 '동(洞)'이라고 한다. 어떤 분은 이 '동'을 '같은(同), 물(水)을 먹는 사람들'이란 뜻이라고 해석한다. 우리가 쓰는 주소는 '저 사람은 나와 함께 산다.'라는 개념이 더 강하다는 말이다. 어쩌면 우리는 화만 내는 민족이 아니라 죽음을 죽음이라고 묘사하지 않고 죽음을 애도하고 함께 아파하는 민족인지 모른다.

 본문에도 보면, 죽음에 대한 상식을 뛰어넘는 이야기가 등장한다. 룻이 이삭줍기를 하고 나오미에게 와서, 보리와 남은 음식을 드리며 나누는 대화다. 이 대화의 핵심이 뭘까? 룻이 추수를 마치기까지 보아스의 밭에서 이삭을 주웠다는 것일까? 아니면 나오미가 보아스에게 감사한다는 것일까? 이 대화의 핵심을 찾기가 쉽지 않다. 하지만 이 대화의 문형적 특징을 알고 읽으면 마치 마술처럼 핵심이 나타난다.

 유대인들은 글을 쓸 때 '교차대구법(Chiasmus)' 형식으로 쓰는 경우가 많다. 이렇게 쓰는 글은 핵심을 항상 한가운데 위치시킨다. 그래서 A-B-C-M(Main theme)-C'-B'-A' 형식이 된다. 오늘 이 대화는 정확하게 카이아즈머스 형식으로 기록되어 있다. 그뿐만 아니라 전체 룻기에서 따로 떼어도 완전한 하나의 문학 작품이 될 정도로 프롤로그(prologue)와 에필로그(epilogue)까지 있는 형태다. 시어머니와 며느리의 이 짧은 대화가 굉장한 메시지를 담고 있다는 사인(sign)인 것이다.

하나님의 헤세드는 어떻게 드러나는가?

대화에 등장하는 인물은 세 명이다. 룻, 보아스, 나오미다. 이들은 모두 헤세드를 실천하고 있다. 룻의 헤세드를 살펴 보자. 17절에 보면, "룻이 밭에서 저녁까지 줍고 그 주운 것을 떠니 보리가 한 에바쯤 되는지라"라고 말한다. 주운 것을 '떨었다.'라는 말은 '타작했다.'는 뜻이다. 룻은 주운 것을 그냥 어머니께 갖다 드리면서 '오다 쫓다.' 하지 않고, 먹기 좋게 타작을 했다는 뜻이다. 그 양이 '한 에바' 정도 되었다고 말한다. 에바가 어느 정도일까? 에바는 오멜의 약 열 배다. 그럼 한 오멜은 어느 정도 될까? 출애굽기 16장 16절에 보면, 성인 한 사람의 하루 곡식을 '한 오멜'이라고 말한다. 그러니까 한 에바는 한 오멜의 열 배로, 룻과 나오미 둘이 먹을 수 있는 닷새 치의 양식이다. 돈으로 환산해서 성인의 하루 밥값을 30,000원으로 치면, 30,000×2명×10일 하면, 약 육십만 원 정도라고 할 수 있다. 일당 육십만 원짜리 알바를 한 것이다. 꿀알바다. 무게로 환산해도 약 22kg이다. 이것은 엄청난 양이다. 룻은 이렇게 무거운 것을 매일 집까지 가지고 날랐던 힘 센 여자다. 성경에서는 힘이 쎈 여자를 '아름답다', '현숙하다'라고 말한다. 룻의 헤세드다. 시어머니를 성실하게 봉양하고 있는 것이다. 보아스의 헤세드 때문에 많은 양식을 얻을 수 있었다.

나오미의 헤세드도 등장한다. 룻이 절대 이삭줍기를 통해서는 얻을 수 없는, 엄청난 양식을 들고 오니까 나오미의 반응이 어땠는가? 만약 나라면 "대박, 완전 땡잡았네." 할 것이다. 그게 아니면 "룻, 여기 앉아봐. 우리 솔직해지자. 이거 어디서 훔쳤니? 너 나가서 이삭을 줍는 거니, 이삭을 뻥 뜯는 거니?" 했을 것이다. 상식적으로 우리는 음식점에 가서 생각 없이 주문했는데, 너무 맛있게 생긴 음식이 나오면 대박이라고 말한다. '어머, 너무 환상적인 음식이야, 어느 멋진 주방장님이 요리해 주셨을까?'라고 물어보지 않는다. 그건 여자아이들이 좋아하는 <마법 소녀 프리큐어>에나 나오는 대사다.

하지만 나오미는 그렇지 않았다. 19절에 보면, "오늘 어디서 주웠느냐 어디서 일을 하였느냐 너를 돌본 자에게 복이 있기를 원하노라"라고 묻자, 룻이 "오늘 일하게 한 사람의 이름은 보아스니이다"라고 말한다. 나오미는 그 엄청난 양의 보리를 보고 본능적으로 누군가의 배려를 생각한다. 그래서 그를 축복하고 있다. 이게 나오미가 평상시에 하는 사고 방식이었고, 살아온 삶의 발자취다. 헤세드다. 하나님의 사랑, 헤세드가 드러나는 이야기에는 하나님만 선하신 분이 아니다. 보아스도, 룻도, 나오미도 다 헤세드를 실천하고 있다. 왜 우리가 헤세드로 살아야 하는가? 헤세드로 사는 우리의 삶을 통해 하나님의 헤세드가 드러나기 때문이다.

죽은 자와 산 자에게 은혜를 베푸시는 고엘

룻이 나오미에게 그의 이름을 '보아스'라고 소개하자 나오미가 뭐라고 하는가? 귀가 침침한 나오미가 '스님? 보아스님?' 했는가? 아니다. 놀랍게도 그를 알고 있는 눈치다. 20절이 이 대화의 핵심이다. "나오미가 자기 며느리에게 이르되 그가 여호와로부터 복 받기를 원하노라 그가 살아 있는 자와 죽은 자에게 은혜 베풀기를 그치지 아니하도다 하고 나오미가 또 그에게 이르되 그 사람은 우리와 가까우니 우리 기업을 무를 자 중의 하나이니라 하니라"라고 말한다. 20절 전반절을 잘 보라. '그'라는 말이 몇 번 나오는가? 여러 번 나온다. 모르면 그냥 '여러 번'이라고 하면 대부분은 맞다. 해석의 핵심은 두 번째 나오는 '그'가 누구인가 하는 것이다. 보아스일까, 하나님일까? 당신의 생각은 어떤가? 누구인지 확실하지 않지만, 어쨌든 그는 살아 있는 자와 죽은 자에게 동일하게 은혜 베푸는 자이다. 살아 있는 자는 나오미와 룻이고, 죽은 자는 나오미의 남편과 두 아들일 것이다.

두 번째 '그'는 일차적으로 보아스다. 보아스가 살아 있는 자에게 베푸는 은혜는 양식을 주고 이삭을 줍도록 배려해 준 것이다. 그럼 죽은 자에게 베푸는 은혜는 뭔가? 20절 후반절에 "그 사람은…우리 기업을 무를 자 중의 하나"라고 말하는데, 여기서 '기업 무를 자'가 바로 '고엘'이다. 고엘은 '값을 주고 도로 사다, 구속자가 되다.'란 의미다. 그러니까 보아스가 죽은 엘리멜렉과 두 아들의 후사(後嗣)를 이을 고엘이라는 사실을 염두에 둔 것이다. 그래서 나오미는 죽은 자에게도 은혜를 베푸는 자, 고엘이 될 수도 있겠다고 말하는 것이다.

하지만 궁극적으로 은혜 베풀기를 그치지 않는 진정한 고엘은 바로 하나님이시다. 성부, 성자, 성령 하나님이시다. 죄로 죽어 마땅한 우리에게 베푸시는 헤세드가 있다. 범죄로 인해 만천하에 저주받은 존재로 반드시 죽고 죽을 확증된 운명이 우리다. 그러니 축복된 후사를 잇는다는 것은 상상도 할 수 없다. 우리는 텅 빈 인생이 맞다. 그런데 그런 우리를 위해서 성삼위 하나님께서 어떻게 하셨는가? 성부 하나님께서는 태초에 죄로 죽을 우리를 구원하시기 위해 구원의 마스터 플랜을 세우셨다. 성자 예수님께서는 역사의 한 시점에 인간 세상에 인간의 몸을 입고 들어오셔서 우리를 대신해 그 죗값을 십자가에 죽으심으로 지불하셨다. 그래서 구원의 길을 여셨다. 그리고 성령 하나님께서는 이 구원이 절대로 번복되지 않도록 우리 속에 들어와 함께하신다. 성삼위 하나님께서 함께 뭐하고 계신가? 죽을 자와 죽은 자를 위해 창세 전부터 줄곧 헤세드를 실천하고 계신 것이다. 그래서 설사 예수 믿다가 죽는다하더라도 죽은 자들을 다시 살리셔서 부활케 하시고, 영원한 생명으로 채우실 것이다. 그러니 성삼위 하나님께서 죽을 수밖에 없는 우리의 진정한 기업 무를 자, 고엘이 되시는 것이다. 잘 보라. 하나님의 헤세드가 어디까지 흐르는지? 죽음 너머로 흐르고 있다. 이것이 우리가 믿고 있는 하나님의 사랑이다.

고엘 되신 하나님의 헤세드는 이뿐만이 아니다. 살아 있는 나오미와 룻에게도 양식을 베푸시는 모습으로 드러나신다. 이 말은 하나님께서 우리 죽음 이후를 책임지실 뿐만 아니라 우리의 삶의 실질적인 부분까지 책임지시는 분이시라는 뜻이다. 관계가 힘이 드는가? 용서의 문제가 여전히 남아 있고, 진로의 막막함이 어깨를 짓누르는가? 하나님은 우리의 실제적인 삶도 헤세드로 채우시기를 원하신다.

어떻게 우리의 실제적인 필요를 채우실까? 바로 하나님의 헤세드를 실천하는 사람들을 통해서다. 뭔지는 모르지만, 나의 배려와 나의 돌봄을 통해 누군가가 고엘 되신 하나님의 헤세드를 깨닫게 되더라는 것이다.

자격 없는 우리에게 주시는 은혜

하지만 잊지 말아야 할 것이 있다. 21절, "모압 여인 룻이 이르되 그가 내게 또 이르기를 내 추수를 다 마치기까지 너는 내 소년들에게 가까이 있으라 하더이다 하니" 룻을 뭐라고 명명하는가? '모압 여인 룻'이라고 말한다. 이 대화는 시어머니와 며느리의 대화다. 그런데 왜 모압 여인이라고 말하는 걸까? 고엘도 나타난 판에 굳이 모압 여인이라고 할 필요가 있을까? 예를 들어, 어떤 형제가 과거에 술 마시고 클럽 가서 철야 하다가 회개하고 신앙생활 열심히 하는데, 교회에서 소개할 때마다 꼭 '옛날에 술 마시고, 클럽 가서 철야 하던 형제!'라고 소개할 필요가 있는가 하는 말이다.

하지만 여기에는 중요한 의미가 있다. 유대인들은 사람을 소개할 때 주로 두 가지 방식을 쓴다고 한다. 이스라엘 백성들을 소개할 때는 보통은 '아무개의 아들 아무개'라고 부른다. 그런데 이방인들이나 특별한 사람을 부를 때는 '어디 출신 아무개'라고 부른다. 그러니까 나를 부를 때, '영화배우 출신 목사님', 혹은 '충무로의 남자'로 부르는 것과 같다. '모압 여인 룻'은 룻의 정확한 정체성이 맞다. 아주 부끄럽고 수치스러운 정체성이다. 이 말은 '룻은 하나님의 헤세드를 받을 자격이 없는 여인임을 암시하는 말'이다. 모압 사람은 이스라엘 백성들의 출애굽을 방해한 죄로 영원히 총회에 들어오지 못하는 저주받은 민족이다. 하지만 하나님을 믿는 모압 여인 룻에게 하나님의 헤세드가 흐르고 있다는 사실을 말하는 것이다. 하나님의 사랑(헤세드)은 죽음 너머로 흐를 뿐만 아니라, 이방의 경계선을 넘어, 반목과 이념과 시간의 장벽을 넘어 저주받은 이방인들에게까지, 세상에서 철저하게 소외된, 아무도 알아주지 않는, 그냥 살다 죽어도 아무도 슬퍼하지 않을 것 같은 내 인생까지 흐를 것을 드러내고 있는 것이다.

우리는 하나님의 헤세드를 받을 자격이 없다는 사실을 기억해야 한다. 하지만 하나님께서는 우리 같은 외롭고 상실되어 방치된 인생들에게도 헤세드를 베푸신다. 우리의 실제적 삶을 채우실 뿐만 아니라 죽음 너머로까지 사랑하셔서 헤세드를 베푸신다. 얼마나 감사한가? 우리가 무엇이라고 죽음의 경계선을 넘어 들어오셔서 당신이 대신 죽으시고 우리를 살리시는가? 가당키나 한 것인가? 그렇기 때문에 우리가 살아가는 이유가 헤세드 때문인 것이 틀림없다. 건강해서, 돈이 있어서 사는 게 아니다. 나는 자격 없음을 기억해야 한다.

인내의 강을 따라 흐르는 헤세드

하나 더 기억할 것이 있다. 23절에 보면, "이에 룻이 보아스의 소녀들에게 가까이 있어서 보리 추수와 밀 추수를 마치기까지 이삭을 주우며 그의 시어머니와 함께 거주하니라"라고 말한다. 나오미는 룻의 이야기를 듣고 흥분했다. 어쩌면 보아스가 고엘로 기업을 무를 자의 역할을 할지 모르기 때문이다. 그래서 룻에게 꼭 보아스의 소녀들에게만 붙어 있으라고 권면한다(22절). 그런데 그다음 장면이 없다. 어떤 상황을 상상할 수 있겠는가?

룻는 보리 추수와 밀 추수가 마치기까지 보아스의 밭에서 이삭줍기를 했다. 보통 이 시기는 4월에서 6월까지 약 7주 정도 된다. 생각해 보자. 룻도 나오미도 보아스가 뭔가 고엘로서의 제스쳐를 취해 주기를 바랬을 것이다. 하지만 7주 동안 아무 일도 없었다. 우리가 기억해야 할 또 하나의 헤세드에 대한 지혜가 여기에 있다. 헤세드는 하나님의 때에 하나님의 방식대로 임한다는 것이다. 그래서 인내가 필요하다. 하나님께서 놀라운 약속의 말씀을 주셨는가? 상처를 싸매시고, 열방의 빛이 되게 하시고, 복의 통로가 되게 하시겠다고 말씀하셨는가? 하지만 그 헤세드는 하나님의 때에 임한다. 인내가 필요하다.

예수님은 우리에게 곧 오실 것이라 하고 가셨다. 하지만 2,000년이 지났다. 우리의 온전한 구원을 위한 헤세드를 2,000년이나 기다려 온 것이다. 우리는 산 자와 죽은 자에게 주시는 하나님의 헤세드가 있음을 믿는다. 하지만 그 헤세드는 인내의 강을 타고 흐른다는 사실을 기억해야 한다. 당장 내 앞에 아무 일이 없어도 그 헤세드를 믿는 믿음이 필요하다.

Answer 6

하나님의 헤세드는 죽음을 넘어 흐르는 사랑이다. 처절하게, 확고하게 죽을 수밖에 없는 우리를 살리시려고 죽음의 벽을 넘어 들어오셔서 영생을 선물하셨다. 그래서 우리는 시편 63편 3절처럼, "주의 인자하심이(헤세드) 생명보다 나으므로 내 입술이 주를 찬양할 것이라"라고 고백한다. 헤세드가 생명보다 나은 이유는 헤세드가 우리의 실제적인 삶에만 머무르는 것이 아니라 죽음 너머로 흐르기 때문이다. 그래서 헤세드가 생명보다 나은 것이고, 우리가 주를 찬양하는 것이다.

우리의 진정한 고엘 되시는 삼위 하나님은 우리의 구원을 위해 오늘도 일하신다. 우리가 할 것은 아무것도 없다. 두 가지만 기억하면 한다. 첫째는 우리는 그런 사랑을 받을 자격이 없는 존재라는 사실이다. 하지만 자격 없는 우리에게 주시는 사랑이 크다. 우리가 지금까지 지내 온 것은 주님의 은혜다. 평생 왜 나를 사랑하시는지 찾을 테지만 찾지는 못할 것이다. 둘째는 인내가 필요하다는 것이다. 헤세드는 하나님의 때에 임하기 때문이다. 자격 없는 우리의 삶과 죽음 너머를 도도히 흐르는 이 사랑, 은혜를 기억하고, 실천하는 삶을 살아야 한다.

Sharing 6

1. 우리의 진정한 고엘 되시는 하나님의 사랑(헤세드)는 산 자와 죽은 자에게 똑같이 적용됨을 믿는가? 그 이유를 설명해 보라.

2. 우리가 하나님의 사랑을 받고 살 때 기억해야 할 첫 번째 사실은 무엇인가? 당신은 정말로 당신이 그런 사람이라는 사실을 동의하는가? 자신의 고백을 진솔하게 나누어 보라.

3. 헤세드를 받고 살아가는 우리가 기억해야 할 두 번째 사실은 무엇인가? 당신은 이것이 있는가? 없다면 그 이유는 무엇이고, 이를 위해서 구체적으로 무엇을 할 수 있겠는가?

Question 7

응답을 기다리는 그대에게
자기 기도에 스스로 응답해도 되는가?

(룻기 3장 1-5절)

감히 저항할 수 없는 권력 앞에서 우리는 보통 어떤 반응을 보이나? 살기 위해서 복종하거나 아니면 죽을 각오로 저항한다. 하지만 이것저것도 할 수 없으면 풍자한다. 대놓고 저항할 수는 없어서 풍자적으로 대하는 것이다. 성동구에 가면 왕십리가 있다. 서울 지명으로는 좀 그렇다. 그런데 이 지명에는 유례가 있다. 옛날 임금이 행차 중에 아름다운 동네를 보고 신하들에게 '이 마을 이름이 무엇인고?'하고 물었다고 한다. 하지만 신하들은 자신들도 모르는 마을이라서 답을 못했다. 왕이 조금 격양된 목소리로 '여기 마을 이름이 무엇인고?' 하고 다시 물었다고 한다. 이번에도 신하들이 답이 없자 임금이 한마디 했다. "니들, 왕씹니?" 그래서 왕십리가 되었다고 한다. 권위에 대한 풍자다. 대놓고 저항할 수 없으니까 풍자를 한 것이다.

그런데 원래 왕십리의 유래도 사실은 권위에 대한 풍자가 서려 있다. <한국지명연혁고>라는 책에 보면, 이성계가 조선의 도읍을 정할 때 무학 대사에게 좋은 땅을 보고 오라고 했다고 한다. 무학이 지금의 왕십리에 와서 지리를 보고 있는데, 어떤 농부가 밭을 가는 소에게 '이 미련한 소야, 십 리를 남겨놓고 여기서 자리를 잡으면 어떡하냐? 꼭 무학 같구나!'라고 했다고 한다. 그래서 무학 대사는 십 리를 더 가서 한양을 도읍으로 잡았고, 이 이야기에서 유래하여 갈 '왕'자와 '십 리'를 써서 '왕십리'라고 했단다. 역시 대놓고 저항할 수 없는 권위에 대한 풍자다.

신앙 풍자

신앙생활에는 하나님의 권위에 저항할 수가 없으니까 하는 일종의 풍자적 인식은 없을까? 본문은 신앙생활에서 우리가 자주 하는 풍자적 소재를 다루고 있다. 우리는 하나님의 절대 주권 속에서 하나님의 뜻을 이해한다. 그러다 보니 하나님의 뜻을 이루는데, 인간의 노력은 별로 중요한 것이 아니라고 생각하는 경향이 있다. 문제는 이런 선입관이 은연중에 하나님의 행하심을 '늘 하나님은 그러시지, 뭐'라는 식으로 일종의 풍자로 인식하게 되더라는 점이다. '우리 노력이랑 상관없이 하나님은 하나님의 뜻을 이루어가시는데, 뭐!', '기도해 봐야, 노력해 봐야, 하나님이 원하시는 대로 될 건데, 뭐!'라는 식의 일종의 '신앙 풍자' 말이다.

7주 동안의 이삭줍기가 끝나고 나오미가 본격적으로 룻을 보아스와 결혼시키기 위해서 작전을 짜는 장면이다. 나오미가 룻에게 '오늘 밤에 타작마당에 들어가서 보아스가 눕는 곳에 누워라. 그러면 보아스가 할 일을 가르쳐 줄 거야.'라고 말한다. 그러자 룻이 '네' 했다는 이야기다. 이 이야기 안에서 우리는 하나님의 뜻과 우리의 노력은 어떤 관계가 있는지 확인할 수 있다. 정말 하나님의 뜻은 우리의 노력과는 별개의 것인지 살펴보면서, 지금 우리의 상황들을 규명하기 위해 몇 가지 질문을 던져 보자.

첫째, 하나님의 뜻과 인간의 노력은 대립적인가?

1절에 보면, "룻의 시어머니 나오미가 그에게 이르되 내 딸아 내가 너를 위하여 안식할 곳을 구하여 너를 복되게 하여야 하지 않겠느냐?"라고 말한다. 여기서 '안식할 곳(마노아흐)'은 어디일까? 이 말은 룻기 1장 9절에서 나오미가 두 자부에게 "각기 남편의 집에서 위로를 받게 하시기를 원하노라" 할 때의 '위로'라는 말과 같은 말이다. 그러니까 안식할 곳은 결혼을 말하는 것이다. 지금 누가 이 남편을 구해 준다는 말인가? 나오미가 구해 주겠단다. 배우자는 하나님이 주시는 것인데, 지금 나오미가 구해 주겠단다. 룻기 1장 9절은 나오미의 기도다. 한마디로 하면, 나오미는 지금 자신의 기도에 스스로 응답하려는 것이다. 하나님의 섭리와 인간의 노력은 대립하지 않는다. 하나님의 섭리는 인간의 방관을 초래하는 것이 아니라 인간의 노력을 포함하는 것이다.

예를 들어 보자. 어떤 청년 형제가 어느 주일 예배드리다가 너무나 아름다운 자매를 봤다. 가슴이 두 근 반 세 근 반 한다. 그래서 그 자매에게 교제하고 싶다고 말하고 싶다. 이런 경우 어떻게 하겠는가? 막 들이대지는 않을 것이다. 믿음의 형제라면 일단 기도할 것이다. 간절한 만큼 기도할 것이다. 그다음에는? 주일날 일찍 일어나서 샤워를 하고, 왁스와 스프레이로 머리를 고정시키는데, 1시간을 쓴다. 그리고 간지나는 신상을 꺼내 장착하고, 거울을 보며 필살기 미소를 여러 번, 여러 각도에서 연습해 본다. 그리고 마지막으로 여자들에게 '편안한, 백허그, 내 남자'라는 느낌을 주는 세련되고 따뜻한, 소개팅에 사용하면 반은 넘어온다는 '조말론 우드 세이지 앤 씨솔트' 향수를 뿌리고 교회로 올 것이다. 무슨 말인가? 정말 원한다면 기도도 하지 않고, 머리도 안 감고, 군대 깔깔이 입고, 슬리퍼 끌고 교회 오지는 않을 것이란 말이다. 하나님의 뜻을 구하는 사람은 기도하고 방관만 하는 것이 아니라 자신도 할 수 있는 최선을 다하는 노력을 한다는 것이다. 그래서 하나님의 섭리는 인간의 노력을 포함하는 개념인 것이다.

둘째, 하나님의 뜻을 이루는 인간의 노력은 무엇인가?

이 이야기에서는 크게 세 가지로 적용해 볼 수 있다.

1. 순수하게 그의 편에 서주는 사랑

나오미는 룻에게 '밤에 타작마당으로 가서 보아스가 눕는 곳에 몰래 들어가서 누우라.'라고 말한다. 왜 하필 밤이고, 타작마당인가? 이스라엘은 추수가 끝나면 높은 곳에 있는 마당이나 바위 위에서 곡식을 타작한다고 한다. 키를 가지고 수확한 곡식을 담아 위로 던지면, 바람에 쭉정이는 멀리 날아가고 알곡은 타작마당에 떨어진다. 이때 필요한 바람이 해 질 녘부터 지중해에서 불어온다고 한다. 그래서 밤에 타작을 하는 것이다.

2절에서 잘 봐야 할 부분이 '친족(모다아트)'이라는 단어다. 그냥 친족이란 뜻이다. 분명히 2장에서 나오미는 보아스를 기업을 무를 자 '고엘'이라고 했다. 그런데 두 달이 지난 시점에서 이제는 '고엘'이 아니라 '모다아트'라는 말을 쓴다. 왜 이렇게 말하는 것일까? 그 이유는 적어도 지금 나오미는 죽은 남편의 후사(後嗣)를 이을 마음으로 룻을 결혼시키려는 것이 아니라는 말이다. 후사를 잇는 것은 지극히 성경적인 일이고, 옳은 일이다. 신학적으로도 중요한 일이다. 하지만 그것 때문이 아니라 룻의 행복을 진심으로 원해서 결혼을 시키려고 한다는 말로 이해해도 무방하다.

하나님의 뜻을 이루는 인간의 노력, 자세가 무엇인가? 순수하게 '그의 편에 서주는 것'이다. 사랑이다. 옳은 것도, 바른 것도, 심지어 신학적인 것도 아니다. 사랑은 옳고 그름을 뛰어넘는다. 내가 아는 아이가 하나 있었다. 일찍 이혼한 엄마는 아들에게 지나친 집착을 가지게 되었고, 공부를 하지 않으면 골프채로 밤새도록 잔소리를 하면서 때렸다고 한다. 3일 밤을 새운 어느 날 이 아이는 극도로 정신적으로 쇠약한 상태에서 때리는 엄마를 자기도 모르고 홍두깨로 때렸는데, 그만 돌아가시게 된 것이다. 무섭고 두려운 마음에 6개월을 방에 시체를 방치하고 청테이프로 문을 겹겹이 막아 놓고는 친구들을 불러서 술을 마시고 폐인처럼 살았다.

그런데 이때부터 하나님의 간섭이 시작되었다. 힘든 일을 마친 아버지가 귀가하다가 새벽에 배가 아파서 교회 화장실에 들어갔는데, 화장실에 붙어있는 말씀을 보고 하나님을 만났다. 그래서 화장실에는 꼭 말씀을 써 붙여 놓아야 한다. 그러는 중에 어떤 일로 아들에게서 전화가 왔고, 아버지는 집으로 찾아갔는데, 집에 들어오지 못하게 하는 것이다.

아버지는 이를 이상하게 여겼고, 경찰에 신고하게 되는데, 그래서 이 사건이 드러난다. 존속 살인이다. 당시 동작 경찰서의 과장님께 물어보니 존속 살인은 기본 징역 10년부터 시작한다고 한다. 모두가 그 아이에게 '패륜아', '인간 말종'이라고 욕을 했다. 법정에서 이제 갓 하나님을 알게 된 아버지는 아들의 죄는 인정하지만, 그럴만한 사정이 있었다고 울면서 아이 편에 서 주었다. 마지막 선고를 앞두고 서울 구치소에 기도해 주기 위해서 찾아갔다. 그런데 그 아버지의 사랑에 감명을 받은 아들은 이제 어떤 죗값이든 달게 받겠다고 했고, 벌써 구약을 다 읽고 신약을 읽고 있다고 했다. 그 아이가 예수님을 믿음으로 변화되고 있었던 것이다. 이 가족을 이렇게 회복시키시려는 하나님의 일하심, 섭리를 볼 수 있었다. 이 하나님의 섭리는 어떻게 진행되고 있는 것 같은가? 세상 다 등을 돌려도 포기하지 않고 아들 편이 되어 준 아버지의 사랑이 하나님의 섭리를 진행하고 있는 것이다. 아들이 옳아서도, 착해서도 아니다. 그럴만한 이유가 있어서도 아니다. 사랑 때문이다.

  온 우주가 나를 죄인이라고 참소해도 주님은 우리 편에 서신다. 내가 옳아서, 내게 선한 구석이 있어서가 아니다. 그럴만한 이유가 있어서도 아니다. 사랑하기 때문이다. 그래서 나의 죗값을 대신 지불하셨기 때문이다. 죄인인 나를 위해서 대신 죽는 일은 옳은 일도, 바른 일도, 신학적인 일도 아니다. 단지 사랑일 뿐이다. 이렇게 하나님은 당신의 섭리를 이루셨다. 그러므로 하나님의 뜻을 이루는 인간 편의 노력도 결국 사랑인 것이다. 사랑이 없으면 아무 일도 일어나지 않는다. 내 삶에, 우리 가정에, 우리 교회에 부흥이 일어나기를 원하는가? 내 자녀들에게, 내 사업 터에 역사가 일어나길 원하는가? 해답은 사랑이다. 주께서 살라 하신 방식대로 순종하여 순수하게 사랑할 때 역사는 일어난다.

2. 자신의 상처를 포기하는 결단

3절에 보면, "그런즉 너는 목욕하고 기름을 바르고 의복을 입고 타작마당에 내려가서 그 사람이 먹고 마시기를 다 하기까지는 그에게 보이지 말고"라고 말한다. 나오미는 룻에게 '목욕하고, 기름을 바르고, 의복을 입으라.'라고 말한다. 흔히 이것을 신부 치장이라고 생각한다. 비슷한 내용이 에스겔 16장 8~13절에 나온다. 이 본문은 여호와와 이스라엘의 결혼을 묘사하는 장면이다. 그런데 문제는 오늘 본문의 '의복(시믈라)'은 예복이 아니라 평상복으로 밤에 덮고 자는 겉옷이다. 그러니 신부 치장이 아니다. 그럼 어떤 의미일까?

사무엘하 12장 20절에 보면, 비슷한 내용이 하나 더 나온다. 이 본문은 밧세바가 낳은 아이가 죽자 다윗이 '씻고, 기름을 바르고, 의복을 입었다.'라는 내용이다. 다윗이 일상으로 돌아왔다는 의미다. 나오미가 룻에게 한 말은 신부 치장을 하라는 말이 아니라 이제 죽은 남편에 대한 애도의 시간을 끝내고 일상으로 돌아가라는 말이다. 생각해 보라. 시어머니 입장에서 '죽은 내 아들은 이제 잊고 며느리야 행복해라.'라고 말하기가 쉬울까? 아마 쉽지 않았을 것이다. 하지만 나오미는 지금 룻을 위해 자신의 상처를 포기하고 있는 것이다. 결단이다. 하나님의 섭리를 이루는 인간의 노력은 형제를 위해 자신의 상처를 내려놓는 결단이다.

3. 주도면밀하게 하나님의 뜻을 점검하는 수고

나오미는 룻에게 그가 누울 때에 너는 그가 눕는 곳을 알았다가 들어가서 그의 발치 이불을 들고 거기 누우라 그가 네 할 일을 네게 알게 할 것이라고 말한다(4절). 유대 문화에서 타작하는 날은 술과 만찬이 있는 축제의 날이다. 그런 날에 보아스가 술을 거나하게 마시고, 잠자리에 누우면 아무도 모르게 가서 그의 발치 이불을 들추고 거기 누우라는 것이다. 이런 시어머니가 어디 있는가? 그래서 보아스가 술김에 사고라도 치면 빼도 박도 못하게 자신과 룻을 책임질 것이고 생각했던 것일까? 중매를 하려면 자기가 하지, 왜 어리고 착한 며느리에게 그런 말도 안 되는 일을 시키는가?

해석의 관건은 '그의 발치 이불을 들고 거기 누우라.'가 무슨 뜻인가 하는 것이다. '발치(마르겔라)'라는 말은 '발, 발이 있는 곳'이라는 뜻이고, '이불을 들고(갈라)'는 '덮개를 벗기다'라는 뜻이다. 그래서 많은 학자는 '아랫도리를 벗긴 것이다', '성적인 관계를 묘사한다' 등 다양한 의견을 내놓고 있다. 하지만 아니다. 두 가지 이유 때문이다. 첫째는 원래 성적인 관계를 표현하는 완곡어법으로서의 '발'이라는 표현은 '레겔'이라는 단어를 쓴다. 그런데 나오미는 이 단어가 아닌 '마르겔라'라는 다른 단어를 사용하기 때문이다. 그러니 노골적인 성관계를 의미하는 것이 아니라는 점을 시사한다. 둘째는 헤세드를 실천하며 산 세 사람이 율법이 금하고 있는 혼전 성관계를 계획했을 리 만무하기 때문이다.

그럼 이 말의 의미는 무엇일까? 나는 이것이 일종의 테스트라고 생각한다. 고엘 중 하나인 보아스는 좋은 사람이었고, 7주 동안 나오미와 룻에게 잘해주었다. 하지만 혹시 잘해준 숨은 동기가 있는지 어떻게 아는가? 과연 돈 많은 보아스가 젊은 룻을 성적 대상으로 생각하고 있는지, 아니면 정말 헤세드를 실천할 것인지 테스트해 본 것이 아닐까? 그래서 4절 끝에 보면, "그가 네 할 일을 네게 알게 하리라"라고 말했던 것이라고 본다. 그가 어떻게 생각하느냐에 따라 지시하는 것이 있을 것이란 말이다. 그러므로 이것은 일종의 테스트로 봐야 한다.

하나님의 뜻은 기도하고 그저 될 대로 되라고 방관하는 것이 아니다. 주도면밀하게 하나님의 뜻을 찾아가는 점검이 필요하다. 내가 하고 있는 일이 번창하기를 원한다면, 자신의 목적과 태도를 점검해 보아야 한다. 교제하는 청년들이 있다면, 서로 정말 나를 아끼고 소중하게 생각하는지, 아니면 욕망의 대상으로 생각하는지 테스트해 보아야 한다. 형제가 만날 때마다 자꾸 스킨십만 요구한다든지, 자매가 시종 얻어먹기만 한다면 숨은 동기가 있다는 말이다. 하나님의 섭리는 이처럼 인간 편에서도 세심한 노력으로 검증해 가는 것이다.

셋째, 왜 룻은 이런 일도 감수했을까?

룻은 시어머니가 시키는 대로 다 행하겠다고 대답한다(5절). 룻은 천사인가? 나오미가 시킨 일이란 게 뭔가? 돈 많은 늙은이에게 밤에 몰래 들어가서 '저를 가지세요.' 하라는 것이다. 어떻게 보면 너무 심한 일이다. 만약 보아스가 정색하고 거절한다면 어떻게 되겠는가? '헤픈 모압 여자가 처음부터 보아스를 꼬시려고 접근했니, 알고 보니 모압에서 잘 나가는 꽃뱀이었느니' 하는 조롱을 당했을 것이다. 또 반대로 보아스가 술김에 관계를 맺어 버리면 어떻게 되겠는가? 하나님 앞에서 율법을 범한 부끄러운 죄인이 되는 것이다. 또 나오미 입장에서도 '자기 살자고 젊은 며느리를 나이 많은 사람에게 판 모진 시어머니'가 될 것이 틀림없다.

그런데도 룻이 이 일을 감수하는 이유가 뭘까? 여기에는 굉장히 중요한 메시지가 숨어 있다. 그것은 진정으로 안식할 곳은 보아스가 주는 한 에바의 곡식이나 그가 베푸는 친절이 아니라 보아스 자체였기 때문이다. 그래서 그 수모를 감수하는 것이다. 보아스가 누구를 상징하는가? 우리의 진정한 고엘 되신 예수 그리스도를 상징한다. 우리가 신앙생활 하면서 수치와 모욕도 감수하는 이유가 무엇인가? 그것은 진정한 안식처는 예수께서 주시는 어떤 것이 아니라 예수 그리스도 그분 자체이기 때문이다. 예수가 주신 직장이나 위안, 응답이 아니라 예수 그리스도 자체를 얻고자 함이기 때문이다. 그래서 우리는 기독교인으로서 겪는 수치도, 억울함도 감수하는 것이다. 오직 예수를 얻기 위해서. 이것이 우리를 향하신 하나님의 섭리다.

Answer 7

우리는 '하나님은 늘 당신의 뜻대로 하시지, 뭐!'라는 묘한 풍자적 신앙 인식을 가지고 있다. 하지만 하나님의 뜻은 하나님 멋대로 하는 것도, 기도하고 가만히 있으면 이루어지는 것도 아니다. 하나님은 우리의 노력을 사용하시길 기뻐하신다. 그러므로 자기 기도에 응답하기 위해 최선을 다하는 노력은 믿음이다. 어떤 노력인가? 첫째는 진정으로 그 사람의 편이 되어 주는 사랑이다. 둘째는 형제를 위해 나의 상처를 포기하는 결단이다. 셋째는 하나님의 뜻인지를 면밀하게 테스트하고 점검하는 수고다. 이제 곧 추수가 끝나는 시기가 우리 인생에도 찾아올 것이다. 하나님께서 주신 것으로는 더 이상 위로를 받고 안식할 수 없는 때가 온다. 오직 그분으로라야만 살 수 있는 때가 온다. 그러므로 우리는 주님을 참 신랑으로 맞을 때까지 주의 뜻을 이루시도록 최선을 다해서 사랑하고, 결단하고, 점검하는 삶을 살아야 한다. 그럴 때 우리는 살면서 당하는 갖은 조롱과 견디기 힘든 모욕도 끝까지 참을 수 있는 것이다. 그리스도께서 주시는 것이 아니라 그리스도 자체를 얻는 것이 우리 삶의 목적이기 때문이다. 자기 기도에 스스로 응답하는 자세를 포기하지 말라. 그것이 믿음이다. 참 신랑이 되신 주님을 얻을 때까지 이 삶을 포기하지 말아야 한다.

Sharing 7

1. 당신에게는 하나님께서 하나님의 뜻을 이루어 가시는 데 대한 묘한 상처나 풍자적 인식은 없는가? 있다면 그 이유는 무엇이라고 생각되는가?

2. 하나님의 섭리는 우리의 노력을 포함하는 개념이다. 본문에서 적용해 볼 수 있는 우리의 세 가지 자세를 정리해 보고, 자기 삶에 적용해 보라.

3. 우리가 진정으로 원하는 것은 주님이 주시는 응답이 아니라 주님 그 자체여야 한다. 이 말의 의미와 이유에 대해서 생각해 보고, 동의한다면 우리 삶에 어떤 삶의 모습이 드러나야 할지 나누어 보라.

Question

8

인생이 끝나가는 그대에게
무엇이 우리 인생을 완성하는가?
(룻기 3장 6-13절)

 우리 인생에 가장 설레는 것이 무엇일까? 많은 것이 있겠지만, 그중에 으뜸은 젊은 날 사랑하는 사람에게 받는 프러포즈일 것이다. 옛날에는 '내 아를 낳아도' 하면서 다소 밉살스럽게 청혼을 했지만, 요즘 젊은이들은 식당을 예약하고, 친구들의 도움을 받아 이벤트를 열어서 감동적으로 청혼을 한다. 미국의 한인 교회를 섬길 때의 경험을 돌아보면, 한 청년이 '목사님, 저 이번 주에 프러포즈할 꺼에요.'라고 하면, '그래, 준비했구나! 고생했어.'라고 말해준다. 왜냐하면 미국에서는 프러포즈를 하려면 기본적으로 석 달치 월급을 모아서 다이아몬드 반지와 함께 꽃을 사고, 무릎을 꿇고 해야 하기 때문이다. 그만큼 준비를 해 왔다는 뜻이다. 그래서 수고했다고 말해주는 것이다. 당사자에게는 얼마나 설레는 일이겠는가?
 하지만 모든 나라의 청혼과 결혼이 다 낭만적인 것은 아니다. 마사이 족은 결혼할 때 신부의 머리에 침을 뱉으며 축복한다고 한다. 아일랜

드에서는 신부가 한쪽 다리로 서서 결혼식을 끝내야 한다고 한다. 중국 소수 민족 중에는 결혼 도중에 신랑과 신부가 칼로 병아리를 찔러야 하고, 스코틀랜드 일부 지역에서는 신부를 쓰레기로 덮어 나무에 묶어서 결혼을 한다고 한다. 요즘같이 자매들이 마음에 드는 형제와 결혼하기 힘든 시대에는 다 아일랜드로 가서 배우자를 찾는 것도 방법이다. 아일랜드는 4년에 한 번 윤년이 돌아오는 2월 29일에 여자가 남자에게 청혼하면 남자는 무조건 그 청혼을 받아들여야 한다고 한다. 참 희귀하다고 생각하지만, 생각해 보면 우리나라의 결혼 풍습도 만만치 않다. 결혼 하루 전에 오징어 가면을 쓴 함진아비가 신붓집에 가서 강매를 하면 아무리 비싸도 사야 하지를 않나, 첫날 신부의 친척들이 신랑을 잡아다가 발바닥 때리는 것을 보라. 서양인들이 '한국식으로 하자.' 하면 기겁을 하지 않겠는가? 참 다양한 결혼의 풍속이 존재하는 듯 하다. 그러면 성경 속 인물들은 어떻게 결혼했을까?

본문은 룻이 드디어 보아스에게 청혼하는 장면이다. 이스라엘 사회에서는 좀처럼 찾아보기 힘든 경우가 발생했다. 여자가 남자에게 청혼을 한 것이다. 추수하면서 기분이 좋아진 보아스가 밤에 타작마당에 눕자 룻은 조용히 그 발치에 가서 눕는다. 한밤중에 보아스는 그녀를 발견히고 둘 사이에 여차여차히 대화가 이어졌다는 내용이다. 이 청혼의 이야기는 우리 삶에 굉장히 중요한 교훈을 전해준다.

룻이 청혼하기 어려웠던 이유

사실 룻이 보아스에게 청혼하는 것은 굉장히 힘든 일이었다. 몇 가지 이유가 있었는데, 먼저는 환경적 이유 때문이다. 고대 근동에서 타작마당은 술과 춤이 가득한, 문란함이 극에 달하는 시간이며 장소다. 게다가 룻기는 가장 음란한 시대였던 사사 시대를 배경으로 한다. 그러니 젊은 여인 혼자 그 타작마당에, 그것도 밤에 간다는 것은 무슨 일을 당할지 모르는 위험천만한 일이다. 하지만 그것보다 청혼하기 더 힘들었을 이유는 그녀 내면의 낮은 자존감 때문이 아니었을까? 룻은 이방, 그것도 저주받은 모압 여자다. 그런 여자가 이스라엘 중의 이스라엘인이요, 출중한 사람 보아스에게 '결혼합시다.'라고 말하는 것이 쉽지 않았을 것이다.

잠들었던 보아스는 한밤중에 발치에 누워 있는 룻을 보고 깜짝 놀라게 된다(8절). 왜 놀랐을까? 어떤 학자들은 밤에 룻이 보아스의 이불을 들추어서 놀랐다고 말하고, 어떤 학자들은 보아스가 룻을 당시 밤에 자는 남자를 성적으로 공격하는 여자 귀신 '릴릿(Lilit)'으로 착각했기 때문이라고 말하기도 한다. 9절에 보면, "이르되 네가 누구냐 하니 대답하되 나는 당신의 여종 룻이오니 당신의 옷자락을 펴 당신의 여종을 덮으소서 이는 당신이 기업을 무를 자가 됨이니이다"라고 말한다. 놀라서 "네가 누구냐?"라고 한 질문에 룻이 뭐라고 대답했는가? '저는 나오미의 자부입니다', '저는 죽은 말론의 아내입니다', '모압 여자 룻입니다'라고 대답하지 않고, '당신의 여종입니다'라고 답했다. 왜 이렇게 답을 했을까?

처음에 룻은 보아스에게 자신을 '이방 여인'이라고 소개했다(룻2:10). 그런데 13절에 가서는 '하녀(쉬프하)'라고 말한다. 그리고 오늘 본문에 와서는 '여종(아마)'이라고 자기를 소개한다. '여종(아마)'은 하녀보다 신분이 높은 사람을 가리키는 말로, 아내나 아내가 될 사람이 자신을 지칭하는 말이라고 한다. 다윗에게 아비가일이, 엘리에게 한나가 한 자기소개다. 룻은 자신이 보아스에게 합당한 신부감이 못 된다는 사실을 알면서도 자신의 낮은 자존감을 달래며 용기를 내어 이 일을 진행하고 있는 것이다.

또 "옷자락으로 덮으소서"라는 말은 신명기 23장이나 에스겔 16장 등에 보면, 청혼이나 결혼을 의미하는 말로 쓰인다. 그러면 우리도 자매가 '오빠, 나 오빠 패딩 입어 봐도 돼?'하면 성경적인 청혼이 되는 것인가? 아니다. 막무가내로 이런 것이 아니다. 여기서 '옷자락(카나프)'이라는 말은 2장 12절에서 "여호와께서 그의 날개 아래에 보호를 받으러 온 네게 온전한 상 주시기를 원하노라"라고 할 때의 '날개'와 같은 말이다. 그러면 지금 룻의 말은 무슨 뜻인가? '당신이 여호와의 날개가 되어 주세요, 당신이 바로 여호와의 날개를 가지신 분입니다.'라는 뜻이다.

무엇이 삶의 용기를 주는가?

어린 여인이 어디서 이런 용기가 났을까? 9절 하반절에 보면, "이는 당신이 기업을 무를 자가 됨이니이다"라고 말한다. '당신이 바로 나의 고엘이셔서 청혼하는 겁니다.'라는 뜻이다. 사실 시어머니 나오미는 순수하게 룻의 행복을 위해 결혼하라고 했지만, 룻은 행복이 아니라 고엘을 찾고 있다. 목적이 행복이 아니라 '하나님의 기업 무름'인 것이다. 바로 이것이다. 룻이 우범 지대 타작마당이라고 하는 환경적인 요인을 뛰어넘고, 자기 내면의 낮은 자존감도 뛰어넘어 용기 있는 행동을 할 수 있었던 것은 행복 하고자 하는 열망 때문이 아니라 하나님의 약속을 믿었기 때문이다. 형제가 자식이 없어 죽거든 다른 형제가 죽은 형제의 후사를 이어 주어야 한다는 하나님의 말씀에 따라 살고자 했기 때문이다. 그래서 비록 어린 나이인데도 불구하고 위대한 여인이 된 것이다.

우리는 용기가 필요한 시기를 살아간다. 무엇이 우리를 진정으로 용기 있는 삶을 살게 하는가? 나의 유익과 행복을 위해서 산다면, 그것은 용기가 아니라 객기일 뿐이다. 하지만 하나님의 말씀대로 살려고 한다면, 환경적인 어려움도, 내면의 문제도 다 극복하고 용기 있게 살 수 있다. 하나님의 뜻을 이루는 인생이 될 것이다.

우리 삶의 방향은 어디인가?

그러자 보아스가 "내 딸아 여호와께서 네게 복 주시기를 원하노라 네가 가난하건 부하건 젊은 자를 따르지 아니하였으니 네가 베푼 인애가 처음보다 나중이 더하도다"라고 답한다(10절). 여기서 '젊은 자를 따르지 아니했다.'라는 말은 주로 '결혼할 사람 뒤를 따르다.'라는 뜻으로 쓰인다. 이것이 무슨 뜻일까? 어쩌면 룻은 밭에서 일하는 동안 젊은 청년들에게 청혼을 받았을지도 모른다. 하지만 그들의 요구에 응하지 않았다는 말이다. 시어머니도 '이제는 너도 재혼해서 행복하게 살아라.' 하셨지만, 룻은 오로지 기업 무를 일만 염두에 두고 있었다. 그 시대, 그 또래의 자매들과 달랐다는 말이다. 그래서 보아스는 너의 '처음 헤세드'보다 '마지막 헤세드'가 더하다고 칭찬하는 것이다.

그럼, 여기서 '처음 헤세드'는 무엇이고, '마지막 헤세드'는 무엇일까? '처음 헤세드'는 엘리멜렉과 말론과 기룐이 살았을 때, 그들에게 베푼 인애, 헤세드다. 마지막 헤세드는 그 죽은 자들의 기업을 무르고자 하는 헤세드다. 얼마든지 자신의 행복을 위해 젊은 남자의 청혼을 수락할 수 있었지만 그렇게 하지 않고, 오로지 죽은 자의 기업을 무르려고 하는 그 인애, 헤세드를 말하는 것이다.

이것이 우리 인생의 방향이다. 처음 헤세드보다 마지막 헤세드가 더해지는 삶이 우리의 인생이 되어야 한다. 어떻게 하면 가능할까? 결국 최고의 헤세드는 우리 죄를 대신 지고 우리의 후사를 이어 주신, 우리에게 생명 주신 인생 최고의 헤세드를 드러내는 것이다. 처음 헤세드가 우리의 사랑을 실천하는 것이라면, 우리의 마지막 헤세드는 진정한 헤세드 되신 그리스도를 전하고 드러내는 것이란 말이다. 이것이 우리 인생의 방향이요, 목적이다.

행복은 우리 인생의 목적이 아니다. 탈무드는 행복은 개의 꼬리에 있다고 가르친다. 개가 그 행복을 잡으려고 쫓아가면 계속 제자리에서 빙빙 돌게 된다. 하지만 진정한 인생의 목적을 따라 달려가면 행복은 자연스럽게 따라오는 것이라고 가르친다. 우리의 삶의 목적은 마지막 헤세드, 예수 그리스도를 드러내는 것이다. 이것을 위해서 공부하고, 결혼하고, 직장 생활하는 것이고, 교회 봉사도 하는 것이다. 그러면 행복이 따라온다. 행복은 결과이지 목적이 아니다. 목적으로 삼는 순간 그 자리에서 빙빙 돌게 되는 어지러운 인생이 된다.

행복은 어떤 모습으로 주어지는가?

보아스는 룻에게 "그리고 이제 내 딸아 두려워하지 말라. 내가 네 말대로 네게 다 행하리라. 네가 현숙한 여자인 줄을 나의 성읍 백성이 다 아느니라"라고 대답한다(11절). 보아스는 룻에게 '두려워하지 말라.'라고 말한다. 지금 룻이 두려워하고 있다는 말이다. 왜 두려워했을까? 만약에 사람들이 알면 돈 많은 보아스를 꼬시려고 한 헤픈 여자로 낙인찍힐 수 있기 때문이다. 하지만 보아스는 이 룻의 두려움을 정확하게 알고 있었다. 그래서 '네가 현숙한 여자인 줄은 성읍 백성들이 다 안다.'라고 하면서 위로한 것이다. 행복은 삶의 실제적인 위로로 다가온다.

두 번째 행복은 자존감의 회복으로 다가온다. 보아스는 룻을 '현숙한 여인(하일)'이라고 말한다. 출중한 여자라는 뜻이다. 2장 1절에서 보아스는 '유력한 자(하일)'였다. 역시 출중한 남자라는 뜻이다. 이방 여인 룻은 전혀 보아스의 짝으로 합당하지가 않다. 하지만 하나님은 헤세드를 삶의 목적으로 하고 용기를 내어 사는 룻을 어느새 '출중한 여자'로 만드셨다.

헤세드를 따라 사는 삶은 빈부나 출신 성분, 혹은 나이의 많고 적음이나 학벌이나 외모나 그 어떤 것도 뛰어 넘고, 거기서 생겨나는 상대적·정서적·물질적 빈곤을 상쇄시키는 힘이 있다. 삶의 한계를 경험하고 있는가? 재정적으로 부족해서 늘 위축되는가? 저 집사님 자녀들과 비교하면 우리 집 아이들은 아직도 믿음이 없어서 낙담이 되는가? 남편이 아직도 믿음으로 돌아오지 않아서 사람들이 내 잘못인 것처럼 보는 것 같은가? '나 같은 속물은 저렇게 착하고 아름다운 자매랑 결혼 못 할 거야!', '나 같은 것이 어떻게 저렇게 경건한 형제를 얻을 수 있을까?' 생각하는가? 헤세드를 삶의 목적으로 삼고 용기를 얻어 살아라. 그러면 모든 물질적·정서적·관계적 문제를 뛰어넘어 하나님에서 인정하시는 출중한 인생이 될 것이다.

헤세드를 완성하는 것, 인내

룻과 보아스의 대화가 잘 되었다. 해피엔딩이다. 이제 남은 건 보아스와 룻의 결혼식 날짜만 잡으면 된다. 그런데 갑자기 보아스가 충격적인 말을 한다. 12절, "참으로 나는 기업을 무를 자이나 기업 무를 자로서 나보다 더 가까운 사람이 있으니" 진작 말하지! 반전이다. 드라마라면 이 장면에서 충격적인 음악이 깔리고, 룻의 얼굴이 클로즈업되었을 것이다. '근데 할 말이 있어. 사실 나 말고 기업 무를 사람이 따로 있어.' 그런 말이다. 어렵게 여기까지 왔는데, 갈수록 태산이다. 이 산만 넘으면 드디어 푸른 풀밭, 맑은 물가인 줄 알았는데, 그래서 너무 좋아서 막 뛰고 있는데, 자세히 보니 똥 밭이다. 산 너머 초원이 아니라 산 너머 똥 밭이다. 우리 삶에도 이런 일이 많다. 이번 일만 잘 넘어가면 이제 교회도 잘 나올 수 있고, 다시 잘 섬길 수 있다고 생각했는데, 생각지도 않은 사건이 터진다. 아이들 결혼만 하면 이제 보란 듯이 주의 일 하면서 살려고 했는데, 애를 키워 달란다. 이럴 때 우리는 어떻게 해야 할까?

질문해 보자. 나오미는 더 가까운 다른 기업 무를 자가 있었는지 알았을까 몰랐을까? 분명히 알았을 것이다. 왜냐하면 그 당시 베들레헴은 큰 성읍이 아니었고, 친척들이 함께 살고 있는 작은 공동체였기 때문이다. 그런데 왜 보아스에게 보낸 것일까? 그 이유는 지금까지의 일이 우연의 얼굴을 하고 있지만, 사실은 하나님의 섭리라는 사실을 믿었기 때문이다. 그래서 다른 기업 무를 자가 있었지만, 보아스에게 보낸 것이다. 분명히 하나님의 뜻임을 직감했는데, 그래서 용기를 내서 순종했는데, 그러면 뭔가 형통의 역사가 있어야 하지 않는가? 하나님이 주신 비전이라고 믿었고, 그래서 이 길로 왔는데, 대박은 아니라도 쪽박이 웬 말인가? 주신 마음을 가지고 그 대학 그 과를 썼는데, 당연히 붙어야 하는데 떨어지는 일이 발생했다는 말이다. 왜 그럴까? 여기에 중요한 교훈이 있다. 우리가 헤세드를 삶의 목적으로 용기 내어 살면 반드시 하나님의 섭리가 우리를 찾아오게 될 것이다. 하지만 그때 우리에게 필요한 것이 하나 있는데, 그것은 바로 '기다림'이라는 것이다. 성경 표현을 빌리면 '인내'다.

왜 이 기다림이 필요할까? 그것은 이 기다림을 통해서 우리 인생에 주인이 내가 아니라 하나님이심이 드러나기 때문이다. 하나님의 뜻대로 살고 싶었고, 하나님을 사랑했고, 그래서 용기 내어 결심했고, 그래서 다 포기하고 여기까지 왔다. 그러면 하나님께서 열어주시고 책임져 주셔야 하는 부분이 있어야 하지 않는가? 그런데 그렇지 않을 때가 제법 많다는 말이다. 그럴 때 우리가 잊지 말아야 할 것은 내 인생의 주인은 내가 아니라는 점이다. 하나님이시다. 그러기에 우리가 헤세드로 살 때라도 하나님의 때를 기다려야 한다. 내 때가 아니다. 기다림이 하나님의 헤세드를 완성하는 것이다. 그래서 히브리서 10장 36절은 "너희에게 인내가 필요함은 너희가 하나님의 뜻을 행한 후에 약속하신 것을 받기 위함이라"라고 말씀한다. 쉽게 말하면, '하나님의 뜻은 기다림이 완성한다.'라는 의미다. 그리고 이 기다림은 결국 '하나님이 내 인생의 주인이십니다.'라는 고백이다. 그래서 기다림, 인내가 소망을 이루고, 그 소망이 우리 신앙의 완성품이 되는 것이다.

Answer 8

주님은 우리가 '마지막 헤세드'를 우리 인생의 목적으로 삼고 살 때 용기 있는 삶을 살 수 있다고 말씀하신다. 그럴 때 실제적인 위로와 우리의 낮은 자존감도 회복되는 행복을 경험하게 될 것이다. 아무리 우리를 위축되게 하고, 낙심하게 하는 이유가 있어도 헤세드를 삶의 목적으로 삼고 용기 내어 사는 삶은 그 모든 문제를 뛰어넘는 출중한 인생이 되게 하실 것이다.

하지만 이 순간에도 필요한 것이 있다. 그것은 기다림이다. 이 기다림을 통해 우리는 하나님이 우리의 주인 되심을 드러내야 한다. 헤세드를 삶의 목적으로 삼고 어설프지만, 이 헤세드를 실천할 마음을 가졌는가? 하나님께서 그런 우리를, 우리 교회를 사용하실 것이다. 인내가 헤세드를 완성하는 마침표다. 우리는 이 인내로 결국은 마지막 헤세드를 이루고, 진정한 행복의 열매를 따 먹을 수 있다.

Sharing 8

1. 내가 내 인생의 목적으로 삼아야 할 나의 마지막 헤세드는 무엇이라고 생각하는가? 그렇게 생각하는 이유는 무엇인가?

2. 하나님은 우리 인생의 목적이 헤세드일 때 어떤 약속들을 하시는가? 보아스와 룻의 대화를 통해 그 사실을 나의 삶에 하나하나 적용해 보라.

3. 헤세드를 실천하며 용기 내어 살아도 한 가지 더 필요한 것이 있다. 그 것은 무엇인가? 그리고 그것이 필요한 이유는 무엇인가? 내 속에 그것이 있는지 살피면서, 하나님 앞에 그것을 달라고 기도하는 시간을 가져보라.

Question

9

간절함이 식은 그대에게

갈망보다 더한 간절함이 있는가?

(룻기 3장 14-18절)

인간은 누구나 갈망이 있다. 갓 태어난 아기는 엄마 젖을 더 빨아야 한다는 갈망이 있고, 불편하면 울어야 한다는 갈망이 있다. 어릴 때는 즐거움과 놀이에 대한 갈망이 있어서 눈만 뜨면 놀고 싶어 한다. 젊을 때는 어깨가 머리통의 네 배 되는 멋진 형제를 만나고 싶은 갈망, 얼굴이 사과만 한 예쁜 자매를 만나고 싶은 갈망이 있고, 가고 싶은 대학이나 직장에 대한 갈망도 있다. 나이가 들면 아무리 먹어도 살이 안 쪘으면 하는 갈망, 안 아팠으면 하는 갈망, 젊은 날의 그 뜨거운 사랑 한 번 더 해 봤으면 하는 갈망도 있다. 자식들이 잘되었으면 하는 갈망도 있고, 죽을 때는 안 아프고 자다가 주님께 갔으면 하는 갈망도 있다. 이쯤 되니 인간의 삶이란 갈망으로 시작해서 갈망으로 끝나는 것처럼 보인다. 갈망하며 태어나서 갈망하며 살다가 갈망하며 죽는 것이 인생이다.

갈망이란 '어떤 것을 간절히 찾고 바라는 것'이다. 하지만 쉽게 채워지는 것은 아니다. 어떤 학생이 아무리 노력해도 2등 밖에 할 수가 없어서 고민하고 있었는데, 어떤 노파가 아버지 재산의 반을 주면 1등 할 수 있는 방법을 가르쳐 주겠다고 했다. 그래서 이 학생은 너무나 1등에 대한 갈망이 커서 아버지를 설득해서 재산의 반을 주었다. 그러자 노파가 하는 말이 '국·영·수를 중심으로 예습, 복습을 철저히 하면 된다.'라고 했다고 한다. 너무 황당하다. 그걸 모르는 사람이 어디 있나? 하지만 쉽지 않은 것이 갈망을 채우는 것이다.

주님도 갈망이 있으실까? 금도 내 것이고 은도 내 것이라 하신 분에게, 천지를 창조하시고, 시간과 공간을 초월하시고, 말씀하시면 능력이 되고, 생각만 하셔도 기적을 이루시는 그분에게 갈망이란 게 있을 수 있을까?

오늘 이야기는 룻이 보아스와 타작마당에서 '기업 무름'에 대해 이야기를 나누고 돌아와 나오미에게 자초지종을 이야기하는 장면이다. 보아스는 룻에게 다른 사람에게 발각되어 오해를 사지 않도록 새벽까지 여기 누웠다가 가라고 하면서 새벽 미명에 보리를 여섯 번 되어 주며 '시어머니에게 빈손으로 가지 말라.'라고 하고 간다. 룻이 이 모든 이야기를 시어머니 나오미에게 고했더니, 나오미는 '이제 이 사람이 어떻게 할지 기다려보자.'라고 말한다. 짧은 이야기지만 소중한 메시지를 담고 있다. 룻기는 하나님의 말씀이면서 동시에 문예적으로 상당한 상징성을 가지고 있는 작품이다. 그래서 룻기를 이해하려면 그 상징성을 잘 파악하는 것이 필요하다. 몇 가지 질문을 해 보자.

'보리 여섯 번'의 상징

15절을 보면, "보아스가 이르되 네 겉옷을 가져다가 그것을 펴서 잡으라 하매 그것을 펴서 잡으니 보리를 여섯 번 되어 룻에게 지워주고 성읍으로 들어가니라"라고 되어 있다. 보아스는 룻에게 보리를 여섯 번 되어 주고 성읍으로 들어갔다. 이 여섯 번이 어느 정도의 양인지 알 길은 없지만, 많은 양임에는 틀림이 없을 것이다. 만약 많음을 표현하는 것이라면 '억수로'라든지, '이빠이' 등으로 표현해도 될 텐데, 왜 굳이 여섯 번이라고 했을까? 17절에도 보면, '이 보리 여섯 번'이라고 하면서 두 번이나 반복해서 강조하고 있다. 게다가 17절의 문형은 '이(하엘레)'라는 말을 넣어서 룻이 손가락으로 이 보리를 가리키는 뉘앙스를 강하게 풍긴다. '이 보리 여섯 번'은 모종의 강조다. 어떤 사람들은 이 보리를 '신부값'이라고 하고, 어떤 사람들은 '화대(花代)'라고도 한다. 하지만 근거가 없다. 그럼 무슨 의미가 있을까?

이것을 이해하기 위해서는 먼저 유대인들의 기본적인 삶의 틀인 안식일 사고에 대해 이해할 필요가 있다. 유대인들의 삶은 안식일에 맞춰져 있다. 그렇기 때문에 유대인들에게 '여섯째 날'은 보편적으로 '내일이면 온전한 안식일이 될 것'이라고 하는 기대를 하게 하는 날이다. 마찬가지로 본문의 보리 여섯 번의 '여섯 번'은 이제 곧 온전한 채움이 올 것이라는 기대감을 갖게 하는 수다. 온전한 채움을 위해 마지막 한 번이 남았다는 뉘앙스가 이 안에 깔려있다고 보는 것이다.

그럼, 여기서 텅 빈 나오미와 룻에게 임할 온전한 채움이란 어떤 채움일까? 룻기에서 곡식은 계속해서 나오미와 룻의 텅 빔을 채우는 매개체 역할을 해왔다. 17절에 보면, '빈손으로 네 시어머니에게 가지 말라.'라고 말할 때 이 '빈손(레켐)'이라는 말은 1장 21절에서 "여호와께서 내게 비어 돌아오게 하셨느니라"라는 나오미의 푸념에서 쓰인 '비어(레켐)'라는 말과 동일한 말이다. 지금까지는 나오미와 룻의 텅 빔은 곡식으로 채웠다. 하지만 이 '여섯 번의 보리'가 기대하게 하는 온전한 채움은 이제는 보아스가 주는 곡식이 아니라 고엘인 보아스 자체가 자식과 남편으로 채워질 '온전한 채움'일 것을 상징하는 것이다.

이 보리 여섯 번의 채움은 고스란히 우리의 궁극적인 채움이 무엇인지를 설명한다. 바로 진정한 고엘 되신 예수 그리스도다. 우리의 참 신랑 되시고, 참 생명을 이어주신 예수 그리스도시다. 이 온전한 채움을 상징하는 보리 여섯 번과 같은 것들이 뭘까? 우리가 일상에서 주께로부터 채움받는 것들이다. 헤세드를 실천하며 살 때 주어지는 많은 기도의 응답들이 바로 보리 여섯 번이다. 때때로 형제를 통해 주어지는 위로가 그것이고, 함께 하는 기쁨을 만끽하는 것들이 그것이다. 때로는 말씀 앞에서 회복되는 감사이고, 하나님으로부터 공급되는 건강 · 물질 · 평안함이 모든 것이 보리 여섯 번의 채움들이다. 얼마나 감사한가? 하지만 온전한 채움은 아니다. 이 보리 여섯 번의 채움들이 상징하는 바는 '온전한 채움'은 바로 예수 그리스도라는 것이다. 그분에게 받는 기도의 응답이 아니라 그분 자체가 우리의 온전한 채움이 되는 것이다.

그러므로 텅 빈 인생을 인내할 수 있어야 한다. 일주일이 힘들어도 금요일이 되면, 6일째가 되면, 견딜 수 있는 이유는 이제 내일이면 쉴 수 있기 때문이다. 고생해서 시험공부를 했어도 내일 시험이 끝나게 되면 견딜 수 있다. 아무리 힘겨운 군대 생활이라도 전역 30일이 남았으면 견딜 수 있다. 곧 끝나니까. 마치 이와 같은 것이다. 이 땅에서 힘들고 어려워도 우리는 이 보리 여섯 번의 상징을 기억해야 한다. 진정한 궁극의 채움이 주어질 것이기 때문이다. 바로 예수 그리스도다. 그렇기 때문에 힘들어도 견디는 삶을 살 수 있는 것이다.

'어떻게 되었느냐'의 상징

룻이 나오미에게로 가자마자 나오미가 무엇이라고 하는가? 나오미가 룻을 보자마자 '내 딸아, 어떻게 되었느냐?'라고 묻는다(16절). 나오미는 그 밤에 룻을 보내놓고 아마 한숨도 못 잤을 것이다. 그러니 오자마자 이렇게 질문한 것 아니겠는가? 하지만 원문을 보면, '너는 누구냐?(아트 미,Who are you?)'라고 되어 있다. 너무 생뚱맞다. 그래서 어떤 학자는 룻이 문밖에서 '똑똑똑' 하니까 '누구세요?'라고 한 것이라고 해석한다. 아니면 혹시 그날 밤 너무 신경을 써서 치매가 왔단 말인가? 너무 어색한 질문이다.

하지만 나는 이것 역시 일종의 상징이라고 본다. 이 질문은 사실 앞 9절에서 보아스가 한밤중에 깜짝 놀라 룻에게 물었던 바로 그 질문이다. 그리고 지금 다시 나오미가 이 질문을 룻에게 하고 있다. 룻기에는 반복해서 쓰이는 특별한 상징들이 많다. '텅빔(레켐)'이나 '날개(카다프)', 그리고 '누구냐(아트 미)' 등은 룻기를 풀어가는 핵심 키워드다. 나는 이 질문이 룻의 정체성을 묻는 상징처럼 보인다. 이 질문에 룻은 답을 해야 한다. 룻은 이제 더 이상 저주받은 이방의 모압 여인이 아니다. 말론의 아내도 아니고, 하녀도, 여종도 아니다. 이제 보아스의 신부가 될 것이기 때문이다.

이 질문은 고스란히 우리를 향한 질문이다. 'Who are you?' 우리가 누구인가? 우리는 그리스도의 신부다. 비록 갈 길이 안 보이고, 시도 때도 없이 하나님이 의심스럽고, 기도도 잘 못하고, 말씀도 잘 모르지만, 그래서 예배 때 졸기도 하고, 찬양도 마음을 다해 드리지 못하지만, 우리는 그리스도의 신부다. 이것이 우리의 정체성이다.

여기서 생각해 보아야 할 부분이 하나 더 있다. 룻이 어떻게 했을 때 자신의 정체성이 선명하게 드러났는가? 룻은 보아스의 신부가 될지 몰랐을 것이다. 꿈에도 생각하지 못했을 것이다. '나 같은 천한 것이 어떻게 보아스의 신부가 된단 말인가?' 생각했을지도 모르겠다. 그래서 처음에는 자기를 모압 여자라고 소개하고, 조금 더 있으니까 하녀라고 소개하고, 더 있으니까 여종이라고 소개한다. 이제 곧 룻은 보아스의 신부가 될 것이다. 잘 보라. 그녀가 보아스에게 가까이 가면 갈수록 그의 정체성이 더 선명하게 드러난다. 모압 여자도, 하녀도, 여종도 아닌 보아스의 신부가 자신의 정체성이었다. 여기에 놀라운 교훈이 있다.

우리의 정체성, 내가 진짜 누구인지는 어떻게 알 수 있는가? 죽을 것 같이 스펙을 쌓고, 주일도 없이 일해서 더 많이 벌고, 더 높은 자리에 올라가면, 우리의 정체성이 선명해지는 것인가? 더 큰 평수의 아파트를 사고, 더 큰 CC의 차를 소유하면, 더 잘 생기고 더 이뻐지면, 나의 정체성이 더 멋지게 드러나는 것인가? 아니다. 이런 것 때문에 우쭐거리거나 열등감에 사로잡히는 정체성은 전부 가짜다. 우리의 진짜 정체성은 오직 주님께로 가까이 갈 때 드러난다. 가까이 가면 갈수록 더욱 선명하게 드러나는 것이다.

그래서 하나님은 이사야 55장 1절에서 한탄하신다. "오호라 너희 모든 목마른 자들아 물로 나아오라 돈 없는 자도 오라 너희는 와서 사 먹되 돈 없이, 값없이 와서 포도주와 젖을 사라"라고 초대하신다. '오호라 (호이)' '답답하다, 너무 가슴이 아프구나'라는 뜻이다. '오라'는 말이 무려 네 번이나 반복된다. 시편 73편 28절에서는 "하나님께 가까이 함이 내게 복이라…"라고 선포한다. 주님도 마태복음 11장 28절에서 "수고하고 무거운 짐 진 자들아 다 내게로 오라 내가 너희를 쉬게 하리라"고 초대하시고, 그래서 히브리서 11장 6절에서는 '하나님께 나아가는 자는 반드시 그가 자기를 찾는 자들에게 상주시는 이심'을 깨닫게 될 것이라고 말하는 것이다.

주님께 더 가까이 가야 한다. 바로 그곳에서 우리 인생의 모든 풀리지 않는 숙제들이 풀릴 것이다. 진짜 내가 누군지는 주님께로 더 가까이 나아갈 때 드러날 것이다. 우리는 주님의 신부로 부름 받았다는 사실을 잊지 말기 바란다.

신부와 신랑의 자세

그럼 우리의 정체성을 알았으면 우리는 어떻게 해야 할까? 18절에 보면, 나오미는 룻에게 "내 딸아 이 사건이 어떻게 될지 알기까지 앉아 있으라 그 사람이 오늘 이 일을 성취하기 전에는 쉬지 아니하리라"라고 말한다. 여기서 '사건(따바르)'이라는 말은 통상 성경에서 하나님의 개입과 직접적인 연관이 있는 말씀이나 일을 일컫는 경우가 많다. 그러니까 이 말은 하나님께서 뭔가 주도하고 계신다는 의미다. 나오미의 말은 '이제 하나님께서 어떻게 이 일을 결론 내실지 보자꾸나. 우리가 할 일은 다했다.'라는 말이다. 실제로 3장에 등장하는 이 나오미의 대사를 끝으로 나오미와 룻의 대사는 더 이상 룻기에서 등장하지 않는다. 4장에 가면, 보아스가 주도해서 룻기를 끝까지 끌고 간다. 이제 하나님의 일하심만 남았으니 잠잠히 기다리라는 말이다. 이것이 신부 된 우리의 자세다. 최선을 다해서 헤세드의 삶을 살고, 그 뒤에 있을 인생의 결론은 하나님께서 내실 테니 잠잠히 기다리는 것이다.

그럼 기다려야 하는 실질적인 이유는 무엇인가? '그 사람이 오늘 이 일을 성취하기 전에는 쉬지 아니할 것'이기 때문이다. 보아스는 우리의 진정한 고엘 되신 예수 그리스도를 상징한다. 이 말은 우리의 신랑 되신 주 예수 그리스도께서 우리를 신부로 맞이하시는 일을 성취하시기 전에는 절대 쉬지 않으실 것이라는 말씀이다.

이것이 부족하기 짝이 없는 신부 된 우리를 향하신 주님의 간절함이다. 주님은 누가복음 12장 50절에서 "나는 받을 세례가 있으니 그것이 이루어지기까지 나의 답답함이 어떠하겠느냐?"라고 말씀하신 적이 있다. 이 말씀은 속히 구원을 이루셔서 우리를 신부로 맞이하고 싶어 하시는 간절함을 표현하신 말씀이다. 다시 에덴동산에서의 온전한 교제와 사귐의 자리로 우리를 초대하고 싶으신 주님의 신적 간절함이다. 히브리서 10장 37절에는 "잠시 잠깐 후면 오실 이가 오시리니 지체하지 아니하시리라"라고 말한다. 우리가 주를 얻고 싶은 갈망보다 더한 간절함으로 우리를 원하시고 절대 지체하지 않으신다고 말씀하신다.

주님은 지금도 하나님 보좌 우편에서 우리를 위해서 기도하고 계신다. 이 기도는 잠옷 입고 비스듬히 편안하게 누워서 포도송이 떼먹으면서 하시는 기도가 아니다. 겟세마네에서 보여주신 그런 모습이다. "힘쓰고 애써 더욱 간절히 땀방울이 핏방울이 되도록" 기도하셨던 이유는 바로 남겨진 제자들을 위한 기도였다. 십자가를 지는 게 힘들어서 하신 기도가 아니다. 지금도 주님은 이 땅에 남겨진 당신의 신부 될 우리를 위해서 기도하고 계신다. 이 일을 성취하기 전에는 결코, 쉬지 않으실 것이다. 그렇게 우리보다 더한 간절함으로 지금까지 사랑하신다. 우리가 딩신의 신부이기 때문이다.

우리는 지금 어디를 향해 달려가고 있는가? 주님을 향해서인가? 그렇다면 갈수록 선명하게 내가 누구인지 깨닫게 될 것이다. 하지만 나의 부와 명예를 향해서 정신없이 달려가고 있다면, 어느 순간인가 삶의 무의미함과 후회 속에서 내가 누구인지, 여기는 어디인지 고민하게 될지 모른다. 그러니 주님을 향한 갈망을 갖자. 그리고 우리보다 더한 간절함이 주님께 있음을 잊지 말고 살자.

Answer 9

주님은 '너의 갈망보다 더한 간절함이 나에게 있다.'라고 말씀하신다. 그것은 우리를 신부로 맞이하고 싶으신 갈망이다. 이 일을 다 이루시기까지 절대 쉬지 않으실 것이라 하신다. 그 약속의 상징이 '보리 여섯 번의 사인'이다. 삶이 힘들고 어려워도 일상에서 주어지는 이 여섯 번의 보리를 기억하며, 오늘을 견디고 주님께 더 가까이 나아가야 한다. 그래서 낙심될 때마다 '내가 그리스도의 신부'라는 사실을 더 선명하게 확인해야 한다. 그런 의미에서 주님께 나아오는 예배는 우리의 신부 된 정체성을 확인하는 자리다. 주님이 이 일을 이루실 것이다. 쉬지 않으시는 불붙은 열심으로 우리의 갈망보다 더한 간절함으로 우리를 취하실 것이다. 그러니 그분께 우리의 삶을 내어 맡기고, 그분의 일하심을 기다리자. 그래서 오늘을 견디고 주님의 사랑을 노래하고 주님을 따르는 우리가 되자.

Sharing 9

1. 당신에게 있는 간절한 갈망은 무엇인가? 왜 그런 갈망이 생겼고, 그 갈망이 내 삶에 미치는 영향은 무엇인가?

2. 본문에서 말하는 '보리 여섯 번'과 '어떻게 되었느냐?(Who are you?)'의 상징성은 무엇인가? 실제적인 우리의 삶에서 이것들은 무엇인지 자신에게 적용하여 나누어 보라.

3. 신부 되는 우리를 맞이하기 위한 신랑의 모습은 어떤 모습인가? 당신의 갈망보다도 더한 신랑 되신 예수님의 간절함에 대해 자신의 생각을 나누어 보라. 본문이 말하고 있는 당신의 정체성은 무엇인가? 어떻게 할 때 우리의 바른 정체성을 보다 선명하게 이해할 수 있는가?

Question
10

의미 없는 그대에게
어찌 아무개로 산단 말인가?

(룻기 4장 1-12절)

　세상에 이름이 없는 것은 없다. 이름이 곧 그 존재의 정체성을 규명하는 것이기 때문이다. '내가 그의 이름을 불러 주었을 때, 그는 나에게로 와서 꽃이 되었다.'라는 김춘수 시인의 시는 존재의 본질과 의미에 대한 멋진 통찰이다. 그래서 사람들은 '이름을 잘 지어야 복이 들어온다.', '이름대로 인생이 되더라.'라고 말한다. 그래서 그런지 예로부터 우리나라는 작명법(作名法)에 따라서 이름을 지었다. 사실 이 작명법은 창씨개명(創氏改名) 시기에 유행하던 획수를 헤아려 작명하는 구마사키 겐오의 작명법에 영향을 받은 것이다. 그래서 그런지 요즈음은 개명을 신청하는 사람들이 많다. 몇 년 전에 개명신청을 하신 김샌다 씨는 대희 씨가 되었고, 나죽자 씨는 재숙 씨로 개명이 되었다. 감사한 일이다. 어떤 해에는 그야말로 부모의 생각이 의심스러울 정도의 이름을 가진 분들이 신청했었다. 그중에는 '임신중, 변태산, 박비듬, 방귀남' 씨가 있었고, 못 믿겠지만 '동싸계, 지애미' 씨도 있었다.

이름에 관련된 이야기는 그뿐만이 아니다. 한반도 땅에는 희귀한 지역 이름들이 많다. 전남에 가면 '방광리'가 있고, 순창에 가면 '대가리'가 있다. 울산에는 '발리'가 있어서 자신들은 발리에 산다고 말씀들을 하신다. 거제시의 '망치리', 전남 해남의 '고도리', 경기도 연천군의 '고문리'도 있다. 내가 군 생활한 곳은 '해보면 해보리'였다. 이름은 생각보다 중요한 의미를 가진다. 왜냐하면, 우리가 과거의 어떤 사람을 기억하고, 어떤 장소를 추억하는 것은 그 이름이 있기 때문이다.

성경에서도 이름은 참 중요하다. 성경에서는 그 사람의 캐릭터나 시대적 배경, 하나님의 메시지가 이름이나 지명으로 설명되는 경우가 많기 때문이다. 룻기 4장에도 이름과 관련된 이야기가 등장한다. 드디어 보아스가 다른 기업 무를 자를 만나는 장면이다. 보아스는 장로들 열 명을 성문 앞 광장으로 불러모았다. 그리고는 기업 무를 자에게 '나오미가 땅을 팔려고 하는데 사서 기업을 무르라.'라고 하자 그러겠다고 한다. 하지만 '그러려면 그의 며느리 룻과 결혼도 해야 한다.'라고 했더니, 번복하면서 '손해가 될까 봐 기업을 무르지 못하겠으니 네가 무르라.'라고 변덕을 부린다. 이에 보아스는 장로들과 백성들을 증인으로 삼아 자신이 엘리멜렉의 기업을 무르겠다고 선언한다. 그러자 장로들과 백성들이 축복했다는 내용이다.

기업 무를 자의 변덕

먼저 이 기업 무를 자의 변덕에 대해 한번 생각해 보자. 4절에서 기업을 무를 자는 흔쾌히 자신이 무르겠다고 말한다. 룻 입장에서는 큰일이다. 마치 전도하고 하나 남은 붕어빵을 먹으려는데, 목사님이 오셔서 그냥 인사치레로 '목사님 붕어빵 드실래요?' 했더니, 목사님이 '감사합니다.'하면서 먹어 버린 경우랑 비슷하다. 그냥 인사치레로 한 말이었는데 무르겠단다. 큰일이다. 룻 입장에서는 생판 모르는 사람과 결혼하게 생긴 것이다. 낭패다. 그런데 6절에 가서는 다시 무르지 못하겠다고 말한다. 왜 갑자기 마음이 바뀌었을까? 5절에 보면, 나오미의 땅을 사서 기업을 무르려면 그의 며느리 룻과 결혼을 해야 한다는 사실을 알았기 때문이다. 이걸 좀 더 이해하려면 '기업 무름'에 대한 이해를 가져야 한다.

유대인들에게 '기업 무름'이란 크게 네 가지 경우다. 첫 번째는 형제나 친족이 가난하여 종이 되었을 때 대신 돈을 내주고 속량하는 것이고, 두 번째는 피치 못하게 땅을 판 경우 그 땅을 대신 사서 되돌려 주는 것이다. 그리고 세 번째는 억울하게 죽임을 당한 경우 피의 보복자가 되어 대신 원수를 갚아 주는 것이고, 네 번째는 자식이 없이 죽은 경우 대신 형제의 대를 이어 주는 것이다. 여기서 기업 무름이란 두 번째와 네 번째에 해당할 것이다.

기업 무를 자는 처음에는 좋았다. 늙은 나오미가 죽으면 그 땅은 자기 것이 되기 때문이었고, 나오미가 살아 있는 동안은 그 땅에서 나오는 소출로 나오미 봉양 정도는 할 수 있기 때문이다. 이익이다. 문제는 룻과 결혼을 해야 한다는 점이다. 그래서 "나는 내 기업에 손해가 있을까 하여 나를 위하여 무르지 못하노니 내가 무를 것을 네가 무르라 나는 무르지 못하겠노라"라고 말한 것이다(6절). 젊고 예쁜 아내를 얻는 것인데 왜 손해가 된다는 것일까? 세 가지 이유를 생각해 볼 수 있다. 첫째는 모압 과부랑 결혼을 해야 한다는 점이다. 둘째는 아들이 생기면 그 아들은 자기 아들이 아니라 말론의 아들이 되기 때문이다. 그리고 셋째는 자기가 산 땅을 그 아들에게 주어 말론의 기업이 되도록 해야 했기 때문이다. 그러니 손해다. 전혀 형제의 어려움을 돌아볼 마음은 없고 자기 잇속만 챙기는 모습이다. 그래서 그는 기업을 무르지 않겠다고 마음을 바꾼 것이다.

아무개와 보아스의 대조

그런 그를 성경은 뭐라고 부르고 있는가? 1절에 보면, "아무개여 이리로 와서 앉으라"라고 말한다. '아무개'라고 말한다. 아무개가 뭔가? NIV, NASB, RSV 등에서는 'my friend'라고 번역한다. 하지만 이 번역은 정확한 번역이 아니다. 왜냐하면, 이 말의 히브리어 '펠로니 알모니'는 영어로 하면 'so and so' 정도가 되기 때문이다. 열왕기하 6장 8절에 이 말이 한 번 더 나오는데, 거기서는 '아무 데 아무 데'라고 번역을 한다. 그러니까 우리말로 번역하면 '거시기'가 더 맞을 것 같다.

보아스가 이 기업 무를 친척의 이름을 몰랐을까? 고대 혈연과 씨족 중심의 공동체 사회에서 모를 리가 없다. 게다가 베들레헴은 작은 마을이라서 틀림없이 알았을 것이다. 하지만 성경 저자는 의도적으로 그의 이름을 밝히지 않고 있다. 그 이유가 뭘까? 10절을 보자. "또 말론의 아내 모압 여인 룻을 사서 나의 아내로 맞이하고 그 죽은 자의 기업을 그의 이름으로 세워 그의 이름이 그의 형제 중과 그곳 성문에서 끊어지지 아니하게 함에 너희가 오늘 증인이 되었느니라 하니" 기업 무름이 뭐라고 했는가? 기업 무름이란 한 마디로 죽은 이의 이름을 세우는 것이다. 그런데 이 기업 무를 자는 자신에게 손해가 될까 봐 그의 이름 세우기를 거부하고 있다. 그러면서 보아스에게 '너를 위하여(너의 유익을 위하여) 사라.'라고 말한다. 그뿐만 아니라 8절에 보면 이 사람은 자기의 신을 벗어 주었다. 신명기 25장에 보면, 기업 무름을 거부하는 자는 그 신을 강제로 벗기게 했다. 그런데 이 기업 무를 자는 자기가 스스로 신발을 벗어 준다.

이 사람은 어떤 사람일까? 한 마디로 전혀 헤세드로 사는 사람이 아니다. 기업 무를 인격이 안되고, 자기 잇속만 챙기는 사람이다. 손해만 안 볼 수 있으면 조롱거리가 되어도 전혀 상관없다고 생각하는 그런 사람이다. 남의 이름을 세우기 싫어 하는 사람이다. 그러니 성경도 이 사람의 이름을 기록하지 않는 것은 아닐까?

하지만 보아스는 어떠한가? 그가 무르려고 하지 않았던 모든 것을 자신이 무르겠다고 말한다. 9,10절을 자세히 보면, 1장에 등장했던 텅 빈 자들의 이름, 엘리멜렉, 나오미, 기룐과 말론이 모두 등장한다. 이들의 텅 빔을 채우고 있다. 그리고 모든 장로와 백성에게 증인이 되라고 확증한다. 그는 이 결정이 장차 다윗과 예수 그리스도의 조상이 되게 하는 것임을 알았을까 몰랐을까? 몰랐을 것이다. 보아스가 이렇게 한 이유가 뭔가? 그는 헤세드로 살았던 사람이기 때문이다. 자기 유익보다 형제의 이름을 세우는 것이 훨씬 더 중요한 사람이었던 것이다.

우리는 어떤 사람이 되어야 할까? 아무개인가, 보아스인가? 혹시 우리는 교회 안에서 오래 신앙 생활을 하는 가운데 이런저런 상처를 받으며 나도 모르게 내 유익만 구하고, 내 자존심에 흠집이 나면 참을 수가 없는 그런 사람이 되어 있지는 않은가? 우리는 아무개가 아니라 보아스로 살아야 한다.

보아스에 대한 축복

우리가 보아스로 살면 어떤 축복이 임할까? 11,12절은 장로들과 백성들이 보아스를 축복하는 내용이다. 크게 세 가지로 정리할 수 있다. 첫 번째는 룻을 축복한다. 11절에 보면, 룻을 라헬과 레아처럼 되게 해 달라고 축복한다. 왜 라헬과 레아일까? 이들은 열두 지파를 낳은 이스라엘의 국모와 같은 여인들이다. 레아가 아니라 라헬을 앞세우는 이유는 라헬이 자식이 없다가 자식이 생긴 것처럼 룻에게 자식이 생기기를 원하는 마음이 담긴 이유일 것이다. 그리고 라헬이 베들레헴 근처에 묻혔기 때문에 더 친구하게 여겼을 터이다. 결국 룻은 이 축복대로 예수의 족보에 오른 여인이 된다.

두 번째는 보아스를 축복한다. 11절 하반절에 보면, "네가 에브랏에서 유력하고 베들레헴에서 유명하게 하시기를 원하며"라고 축복한다. '유력하고 유명하라.'라는 말은 비록 손해를 보지만 더 한 축복으로 번성하게 되고 이름이 유명하게 될 것이라는 말이다. 지금 누구와 누구를 대조하고 있는가? 아무개와 보아스를 대조하고 있다. 아무개는 이 위대한 축복의 기회를 놓치고 이름도 기록되지 못했지만, 보아스는 남의 이름을 세움으로 자신의 이름도 대대로 남게 되었다. 결국 위대한 다윗 왕의 조상이 된다.

그리고 세 번째는 후손을 축복한다. 12절에 보면, "다말이 유다에게 낳아준 베레스의 자손처럼" 되기를 축복했다. 베레스가 누구인가? 창세기 38장에서 유다의 며느리 다말이 유다를 속이고 낳은 쌍둥이 중 맏이다. 다말은 이방 여인으로 처음에는 유다의 아들 엘과 결혼하는데, 엘이 자녀가 없이 죽자, 동생 오난과 기업 무름의 계대 혼인을 한다. 하지만 형의 아들을 낳아주는 것이 싫어 오난은 땅에 설정을 하게 되고, 하나님께서는 이 일을 악하게 여겨 그를 죽이신다. 마지막 기업 무름을 할 남은 아들은 셀라인데, 유다는 그도 죽을까 하여 장성하여도 다말에게 주지 않는다. 그러자 다말이 창녀로 변장하고 유다와 관계하여 낳은 아들이 베레스다. 언뜻 보면 콩가루 집안 같지만, 사실 이것은 다말이 믿음으로 후사를 남긴 사건으로 룻의 이야기와 매우 흡사하다. 그래서 베레스의 자손처럼 되라고 축복하는 것이다.

결국 이들을 향한 축복은 다 응하게 된다. 1장에서 텅 비어 돌아온 이들이 보아스를 통해 모두 채움 받게 된다. 그리고 이 보아스와 룻 사이에서 다윗이 탄생하고, 다윗의 후손으로 예수 그리스도가 오시게 된다. 본문은 우리에게 중요한 질문 하나를 던진다.

우리는 아무개인가, 보아스인가?

오늘날 기독교인들은 갈수록 아무개가 되어 가는 것 같다. 웬만하면 손해 보지 않으려고 한다. 자신의 유익에 계산이 빠르고, 남의 이름을 세우는 일에 관심이 없다. 혼영·혼술·혼밥 하면서 자기만 아는 세대가 되어 간다. 공동체 안에서 좀 모가 나고, 가시가 있는 지체들을 품지 않는다. 가까이 챙겨주면 한도 끝도 없다. 나도 힘든데, 내 시간, 내 돈 써야 하고, 그런다고 알아주지도 않는다. 중직이고 셀장이면 내 자존심 내려놔야 하고 상처받을 때도 한두 번이 아니다. 그래도 처음에는 '내가 무르리라.' 했다. 하지만 시간이 지나면서 우리는 '손해가 있을까 하여 나는 무르지 못하겠노라.' 한다. 나는 아무개인가, 보아스인가?

한국교회도 갈수록 아무개가 되어가고 있는 것 같다. 아니 이미 아무개가 되었는지도 모른다. 성도들은 교회에 등록해서 골치 아픈 관계, 섬김, 봉사를 안 하고 싶어한다. 그냥 누가 누군지도 모르는 대형 교회 예배당 한 귀퉁이에 앉아서 예배드리면 그만이다. 이걸 '성도의 익명성'이라고 한다. 한마디로 하면 '아무개'가 되어가는 것이다. 교회는 점점 사랑이 메말라가고, 손해 보고 희생하는 사람은 적다. 그래서 세상으로부터 신 벗김을 당하는 수치스러운 교회가 되었다. 그런데 교회는 그걸 수치로 여기지도 않는다. 방역과 예배 사이에서 마치 반사회적 집단처럼 비치기도 한다. 아무개처럼 스스로 신을 벗고도 아무렇지도 않게 교회 사이즈만 키워간다. 선교 100주년이 넘어가면서 교회는 전통과 형식에 휘둘리고, 구령의 열정은 상실한 채 교회 안에서조차 기득권과 자존심을 놓고 손해 보지 않는다. 하나님의 거룩을 경험하는 신 벗음이 아니라 스스로 아무개가 되기로 한 신 벗음을 부끄러워하지 않는다. 그래서 이제는 '교회가 다 그렇지 뭐.'라고 체념하고 다닌다. 한국교회는 아무개가 되어 가는가, 보아스가 되어 가는가?

이 아픈 질문, 마치 심장을 도려내는 듯한 이 질문에 우리는 뭐라고 답을 해야 할까? 우리는 아무개가 맞다. 하지만 보아스가 되어가리라 답을 해야 한다. 비록 바보같이 보일지라도 손해 보고, 자기 유익을 구하지 않고, 형제의 이름을 세우는데 최선을 다하는 보아스가 되기를 자처해야 한다. 그러자 하나님께서 바보 같은 그 보아스의 이름을 세워주시는 것을 보라.

반면 교회 안에는 이런 바보들도 있다. 자신도 아프고 바쁘지만 그래도 섬겨야겠기에 전도 모임, 봉사 모임에 나오는 이들이 있다. 자신도 넉넉하지 않으면서 자기 시간, 돈, 열정 쏟아 가면서, 어떻게라도 그 영혼 구원해 보겠다고 애쓰고, 눈물짓는 이들도 있다. 약을 먹어도 가시지 않는 통증 때문에 힘이 들면서도 힘들어하는 셀원들의 마음 믿져주고, 그래도 믿음으로 이겨보자고 곁에 있어 주는 바보 같은 이들이 있다. 행사 준비하느라 물품 사러 다니고, 밤늦게까지 사역 준비 마치면 어설픈 인사 몇 마디 나누곤 집에 가서는 쓰러지듯이 지쳐 잠이 드는 이들, 너무너무 억울하고 속상하지만 그래도 내가 먼저 믿었으니 대꾸하지 않고, 책망하지 않고, 하나님 앞에서 가슴을 쓸어내리는 이들도 있다. 누군 성깔 없는 줄 아는가? 화가 나서 미칠 지경이지만 주님 가신 길 생각하면서 참아내는 이들도 있고, '이것이 주님 가신 길이다.' 싶어, '그래야 교회가 산다.' 싶어 화낼 거 다 안 내고, 손해 보는 걸 오히려 감사하는 이들도 있다. 바보들이다.

하지만 이들이 누구인가? 하나님이 찾으시는 이 땅의 보아스들이다. 이들 때문에 교회로 찾아오는 텅 빈 영혼들이 다시 하나님으로 말씀으로 사랑으로 채움을 입는다. 심지어 교회 안에서조차 '아무개로 사는 게 똑똑한 거'라고 말하는 시대 풍조 속에서 이들은 보아스로 살기를 자처한 사람들이다. 한국교회가 통째로 아무개를 자처하는 마당에, 이들은 스스로 손해 보며 사는 바보가 되길 영광스럽게 생각한다.

이 땅에서 우리 혈기, 우리 이름을 포기하지 않으면 아무개가 될 것이다. 우리는 아무개의 자리를 박차고 일어나서 보아스의 자리로 가야 한다. 손해를 보더라도 형제를 돌보고, 유익이 안 되더라도 공동체를 섬기고, 자존심이 상하고 화가 나더라도 형제의 마음을 먼저 헤아리는 보아스의 자리로 가야 한다. 그것이 하나님의 헤세드로 살려는 이들의 사명이다. 주님은 이런 자들을 위해 진정한 기업 무를 자로 자처하실 것이다. 온 우주의 삼라만상과 하늘의 천군 천사들에게 '너희들이 이 일에 증인이라.'라고 선언하실 것이다. 우리는 바로 이분, 하늘 보아스의 신부다. 죄와 탐욕 앞에 수치스럽게 또 무너진 나 자신에게 치가 떨려도 우리는 주님의 순결한 신부다. 그렇기 때문에 우리는 아무개로 살면 안 된다. 제자가 어찌 아무개로 살 수 있단 말인가?

Answer 10

　우리는 아무개인가, 보아스인가? 우리는 아무개다. 조금만 손해 봐도 목에 핏대를 세우고, 내 유익에 참 계산이 빠른, 우리는 틀림없는 아무개다. 하지만 주님은 그런 우리에게 '너는 아무개라 아니라 보아스로 살아야 한다.'라고 말씀하신다. 우리는 우리 유익이 아니라 헤세드를 따라 사는 사람이기 때문이다. 주님은 우리의 하늘 보아스가 되어 우리를 신부로 맞아 주실 것이다. 온 세상을 증인 삼아 참 기업무를 자가 되어 주실 것이다. 그러므로 힘내라. 실수해도, 죄에 넘겨져도 주신 헤세드로 살자. 주신 은혜대로 남을 섬기고, 자신에게 실망이 되도 주신 사명을 따라 걷자. 어찌 제자가 아무개로 산단 말인가? 언젠가는 손해처럼 바보처럼 보였던 헤세드의 어설픈 실천이 대대로 빛나는 영광이요 축복이라는 사실을 발견하게 될 것이다.

Sharing 10

1. 기업 무를 자가 처음에는 무르겠다고 했다가 나중에는 무르지 못하겠다고 한 이유는 무엇인가(4~6절)? 성경은 형제의 이름을 세우기를 거절하는 사람을 뭐라고 명명하고 있는가(1절)? 이 이름이 갖는 부정적인 의미는 무엇인지 자기 말로 설명해 보라.

2. 아무개와 보아스는 어떤 면에서 대조를 보이고 있는지 나누어 보라. 그리고 형제의 이름을 세우기 원했던 보아스에게 선포된 축복 세 가지는 무엇인지 정리해 보라(11절상반절, 11절하반절, 12절).

3. 현대의 그리스도인들과 한국교회에 던지는 질문은 무엇이며, 그 답은 무엇이고 그 이유는 무엇인지 나누어 보라. 내 속에 아무개와 같은 모습은 없는지 점검하고 개선하기 위한 노력을 구체적으로 정하여 실천해 보라.

Question

11

잊고 싶은 그대에게

지독한 마음의 멍도 지워지는가?

(룻기 4장 13-22절)

인생이 무엇이라고 생각하는가? 러시아의 대문호 톨스토이가 인생 막장에 이르렀을 때 15년이란 시간을 칩거하면서 '인생이란 무엇인가?'에 답을 하기 위해 '인생독본'이라는 책을 한 권 쓴다. 여기에 보면, 짧은 이야기가 하나 나온다. 어떤 젊은이가 여행을 하다가 풀숲에서 사자가 뛰어나와 위협하자 도망을 치다가 마침 옆에 있던 우물 구덩이로 넝쿨을 잡고 내려간다. 중간쯤 내려갔을 때 밑을 보니 말라있는 우물 바닥에는 독사가 우글거리고 있었다. 이러지도 저러지도 못하는 상황에서 위에서 이상한 소리가 들려 자세히 보니 흰색 쥐와 검은색 쥐가 번갈아가면서 나와서 넝쿨을 갉아 먹고 있었다. '아 쥐들이 다 갉아 먹으면 나는 죽는구나!' 생각하며 하늘을 쳐다보는데, 우물 옆에 있던 나무 위 벌집에서 꿀이 한 방울씩 떨어진다. 그래서 그 꿀을 받아먹고는 그 달콤함에 '아 달다.'하고 정신을 빼앗긴다는 이야기다. 톨스토이는 이것이 인생이라고 말한다. 흰쥐와 검은 쥐는 밤과 낮을 상징한다. 인생이란 이런 절박한 상황에서도 꿀의 달콤함에 빠져 곧 죽을 것이라는 자신의 현실을 잊어버리는 모습이라는 것이다. 어떤가? 분주한 삶을 살아가는 우리에게 이 인생의 이야기는 동의할 수 있는 것인가?

만약 인생이 정말 이런 것이라면 이런 인생에서 가장 중요한 것이 무엇일까? 꿈, 돈, 여친, 남친, 명예, 성공? 아니다. 이런 것은 떨어지는 꿀에 불과하다. 그럼 이런 인생에 무엇이 가장 중요한 것일까? 오늘 이야기는 우리에게 이 질문을 던지고 있다. 드디어 보아스가 룻과 결혼하여 아들을 낳자 베들레헴의 여인들이 나오미를 축복하는 내용이다. 그리고 마지막에는 하나의 족보를 소개함으로 끝을 맺는다. 앞선 11,12절의 축복이 그대로 응하게 된 것이다. 4장에 나오는 여러 상징은 1장에 나오는 상징들과 짝을 이룬다. 그래서 2,3장을 샌드위치처럼 쌓고 있는 형태를 취한다(인클루지오). 1장에 등장하는 여러 상징을 다시 4장에서 설명하는 형태다. 이런 관점으로 보면, 마지막의 족보도 어떤 사람들이 주장하는 것처럼 후대에 첨가한 것이 아니라 처음부터 의도적으로 기록한 룻기의 결론이라고 볼 수 있다.

축복의 세 가지 특징

먼저 본문은 앞선 11,12절에서 백성들이 한 세 가지 축복을 확증한다.

이 축복의 확증에는 세 가지 특징이 있다. 첫 번째는 이 모든 축복이 한 아기를 통해서 주어진다는 점이고, 두 번째는 축복의 확장이 일어난다는 점이다. 13,14절을 보면, 첫 번째 축복처럼 룻은 라헬과 같이 아들을 낳게 되었고, 두 번째 축복처럼 이름이 유명해졌다. 그리고 18절을 보면 세 번째 축복처럼 베레스의 계보를 잇게 됨을 알 수 있다. 세 번째는 4장이 1장과 면밀하게 짝을 이룬다는 점이다. 이 말은 4장을 1장과 대조해서 봐야 한다는 뜻이다. 1장의 주인공이 누구인가? 나오미다. 4장의 주인공도 나오미다. 1장에서 텅 비어 비참하게 돌아온 나오미를 4장에서 하나님께서 어떻게 채우시는가를 나타낸다. 이 하나님의 채우심은 하나님께서 우리를 어떻게 채우시는가에 대한 교훈을 준다. 1장과 대조를 이루는 4장의 몇 가지 메시지를 확인해 보자.

1. 생명의 회복자

첫 번째 대조는 15절이다. "이는 네 생명의 회복자이며 네 노년의 봉양자라 곧 너를 사랑하며 일곱 아들보다 귀한 네 며느리가 낳은 자로다 하니라" 여기서 '생명의 회복자'라는 말이 1장 21절과 대조를 이룬다. 1장 21절에 보면, 나오미가 뭐라고 했는가? '여호와께서 나로 미쳐 돌아오게 하셨다.'가 아니라 '여호와께서 내게 비어 돌아오게 하셨다.'라고 말한다. 거기서 '돌아오다(슈브).'라는 말이 15절의 '회복자'라는 말과 같은 말이다. 룻기의 저자는 일부러 동일한 단어를 써서 하나님께서 텅 빈 우리를 어떻게 채우시는지 말하고자 한다.

텅 빈 나오미가 어떻게 채워졌는가? 그저 돌아왔을 뿐이다. 먹고 살 수가 없어서 떡집 베들레헴, 하나님의 집으로 돌아왔을 뿐이다. 그저 고향에서 살다가 죽을 요량으로 온 것일 테다. 돌아왔을 뿐인데 하나님께서 텅 빈 나오미를 생명으로 회복케 하신 것이다. 영혼이 회복되는 길은 그리 어려운 일이 아니다. 하나님께로, 생명의 떡이신 예수가 있는 하나님의 집, 교회 공동체로 돌아오는 것이다. 그러면 텅 빈 것 같은 우리 인생도 하나님께서 생명의 회복자요, 노년의 봉양자가 되어 주실 것이다.

2. 아기를 품에 품다

두 번째 대조는 16절이다. "나오미가 아기를 받아 품에 품고 그의 양육자가 되니" 바로 '아기(엘레드)를 품에 품은 것'이다. 16절은 1장 5절과 대조를 이루는데, 여기에 보면 '그 여인은 두 아들과 남편의 뒤에 남았더라.'라고 묘사한다. 분명히 결혼한 두 아들인데, 저자는 일부러 '옐레드'라는 단어를 쓴다. 나오미의 품에서 아기가 죽었는데, 지금 다시 아기(옐레드)를 품게 된 모양새다.

나오미의 품이 어떤 품인가? 세상에서 가장 지독한 아픔을 고스란히 받아낸 품이다. 상상해 보라. 두 아들, 기룐과 말룐이 죽어갈 때 나오미는 그들을 품에 품고 있었을 것이다. 사랑스럽던 아들을 키우던 추억들, 해 맑게 웃던 모습들도 스쳐 지나갔을 것이다. 그런데 점점 그들의 손, 발이 차갑게 식어간다. 그걸 남편도 없이 나오미 혼자 고스란히 다 받아냈다. 세상에 자식 먼저 떠나보낸 부모 가슴보다 멍든 가슴은 없다. 나오미의 가슴은 얼룩진 쪽빛이었을 것이다. 온통 멍들어 있을 그런 가슴이다. 그런데 그런 가슴에 하나님께서 지금 생명의 회복자요 봉양자가 될 아기(옐레드)를 품게 하셨다. 나오미의 기쁨이 상상이 되는가? 회복은 아기를 통해서 시작된다.

룻기를 푸는 아주 중요한 단어 중에 하나가 '아기(옐레드)'다. 룻기는 사사 시대의 이야기다. 사사 시대는 '왕이 없어 자기 소견대로 살았던 시대'다. 이런 시대를 회복해 가는 매개체가 뭔가 하면 바로 '옐레드'다. 룻기 다음에 무슨 책인가? 사무엘상이다. 어떤 이야기로 시작되는가? 옐레드가 없는 한 여인의 이야기로 시작한다. 그 서러움을 갖고 기도하다가 하나님도 당신의 마음을 전할 '하나님의 옐레드'가 없음을 깨닫게 된다. 그래서 한나가 뭐라고 하는가? '하나님도 아들이 없어서 슬프셨군요? 만약 저에게 아들을 주시면 하나님께 드릴께요.' 한 것이다. 그것이 사무엘이다. 그를 통해 회복이 시작된다.

이사야도 북이스라엘의 멸망이라고 하는 민족의 위기 앞에 '한 아기가 우리에게 날 것'을 회복으로 예언했다. 그래서 하나님의 아들은 회복을 위해 이 땅에 '옐레드'의 모습으로 오신 것이다. 죄와 사망으로, 저마다 지독한 아픔을 받아낸 멍든 가슴들을 회복하시려고 아기의 모습으로 오셨다. 놀랍게도 룻기가 지금 이 이야기를 하고 있는 것이다. 이 옐레드(아기)를 가슴에 품는 자마다 진정한 회복을 경험하게 된다. 그 가슴이 얼마나 아픈 가슴인지, 얼마나 지독하게 멍들어 있는지는 상관없다. 이 옐레드, 이 예수를 품기만 하면 된다. 옐레드를 품고 있는 나오미는 우리의 모습을 대변한다. 우리는 우리의 생명의 회복자요 봉양자되신 예수를 품어야 한다.

그럼 옐레드를 품는다는 말이 무슨 뜻일까? 이 나이에 결혼해서 출산하란 말인가? 아니다. 16절에 보면, 나오미가 그의 '양육자(아만)'가 되었다고 말한다. 이 말의 어근이 바로 '아멘'이다. 그러니까 예수를 품고 '아멘'하는 인생이 되라는 말이다. 이 인생은 비록 예수님이 아기처럼 아무것도 못 할 것 같고, 전혀 도움이 안 될 것 같이 멀리 계시고, 보이지도 않고 손에 잡히지 않아도 그를 가슴으로 인정하고 받아들이는 것이다. 구주로, 생명의 회복자로 믿는 것이다. 지금 내 상황이 이해되지 않아도,

힘이 들어 죽을 것 같아도 예수께서 회복하실 것을 믿고 가슴으로 '아멘'하는 것이다. 예수를 가슴에 품기 바란다. 이해되지 않고, 해석하기도 싫은 아픔이 가슴을 멍들게 해도 그분의 회복케 하심을 믿고 '아멘'하는 우리가 되기 바란다. 아무리 지독하게 멍든 가슴이라도 예수를 품으면 회복된다.

3. 이웃 여인들의 작명

세 번째 대조는 17절이다. "그의 이웃 여인들이 그에게 이름을 지어 주되 나오미에게 아들이 태어났다 하여 그의 이름을 오벳이라 하였는데 그는 다윗의 아버지인 이새의 아버지였더라" 세 번째는 '이웃 여인들'이다. 이들은 1장 19절에서 나오미가 베들레헴으로 돌아올 때 '이이가 나오미냐.' 하며 그녀를 맞아 주었던 이들이다. 4장에서는 나오미가 채워지자 마음을 다해 축복한 이들이다. 이 여인들은 누구를 상징할까? 바로 교회 공동체를 상징한다. 그래서 성경은 항상 교회를 여성형으로 쓰는 것 아닐까? 이 여인들은 교회의 사명이 무엇인지를 설명해 준다.

룻기가 말하는 교회 공동체의 사명이란 무엇일까? 히브리 문화에서 보통 아이의 이름은 부모가 짓는다. 그런데 이 아이는 이웃 여인들이 지어 준다. 교회를 상징하는 여인들이 아기의 이름을 무엇이라고 짓는가?

'오벳'이라고 짓는다(17절). 이 말은 '아바드(섬기다)'라는 말에서 왔다. 출애굽기 7장 16절, 9장 1절은 이 '아바드(섬김)'를 출애굽의 목적이라고 선언한다. 이 말은 우리가 구원받은 목적, 사명이 바로 '아바드(섬김)'라는 말이다. 구원받은 목적은 단순히 천국 가는 것이 아니라 '섬김'이다. 선교도 사역도 섬김이라는 범주 안에 있는 것이다. 교회 공동체의 사명은 돌아오는 지체들을 맞아 주고, 그들을 축복함으로 섬기는 것이다. 형제를 섬김으로 하나님을 섬기는 것이 바로 교회의 사명이다.

이름 그대로 오벳은 장차 나오미를 섬기는 사람이 된다. 하지만 거기서 끝나는 것이 아니다. 나오미를 섬김으로 하나님을 섬긴 것이다. 그런 오벳을 통해 태어난 다윗은 민족을 섬김으로 하나님을 섬긴 것이다. 오벳을 통해 오신 예수 그리스도도 우리를 섬기심으로 하나님을 섬기셨다. 그래서 마태복음 20장 28절에서 "인자가 온 것은 섬김을 받으려 함이 아니라 도리어 섬기려 하고 자기 목숨을 많은 사람의 대속물로 주려 함이니라"라고 말씀하신다. 이 말은 우리도 주님처럼 형제를 섬김으로 하나님을 섬기라는 말씀처럼 들린다. 이것이 우리를 구원하신 목적이고 사명이다. 이것이 우리 교회에 주신 사명이다. 주께로부터 받은 헤세드로 이제는 우리가 옆에 있는 지체를 섬기는 것이 우리 교회의 사명이다. 그럴 때 텅 빈 나오미와 룻과 같이 교회로 오는 상처받은 이들이 하나님의 채우시는 은혜를 경험하게 될 것이다.

4. 베레스의 계보

네 번째 대조는 18~22절에 등장하는 열 명의 족보다. 학자들은 이 족보가 후대에 첨가되었을 것이라고 생각했다. 하지만 4장은 1장과 짝을 이룬다는 관점으로 보면, 이 열 명의 족보는 두 가지 점에서 정확하게 처음부터 의도된 결론임을 알 수 있다. 첫 번째 특징은 이 족보가 생략되고 선별된 족보라는 점이다. 베레스부터 다윗까지는 약 860여 년 정도로 본다. 그런데 열 명의 후손들만 있었다는 건 말이 안 된다. 또 열 명의 명단을 자세히 보면, 앞의 다섯 명은 출애굽 이전의 인물들이고, 뒤의 다섯 명은 가나안 입성 후의 인물들이다. 무슨 말일까? 이 족보는 일부러 열 명만 선별한 족보라는 뜻이다. 열 명을 선별하여 1장에서 죽은 기룐과 말론의 십 년과 대조하고 있는 것이다. 그 텅 빔을 어떻게 채우셨는지를 강조하는 문학적인 기교일 것이다.

두 번째 특징은 이 족보는 다윗을 드러내는 족보라는 점이다. 보통 열 명 족보에서는 일곱 번째와 열 번째가 핵심이라고 한다. 그러고 보면 족보의 일곱 번째가 보아스고, 열 번째가 다윗이다. 다윗의 족보라는 말이다. 1장에서 엘리멜렉을 '베들레헴 에브랏 사람'이라고 소개하는데, 4

장에 등장하는 다윗은 후대에 '에브랏 사람'이라고 알려지게 된다. 지금 나오미의 품에 안긴 이 아이가 결국 통일 왕국을 이루는 다윗의 증조부가 되고, 나아가 인류를 구원할 예수 그리스도의 선조가 된다.

그러므로 이 족보가 내리는 결론이 무엇일까? 중요한 건 삶의 방향이라는 말이다. 나오미가 그의 인생이 이렇게 될 줄 알았을까? 단연코 몰랐을 것이다. 그런데 어떻게 이런 축복이 임했는가? 15절에서 이 아기를 무엇이라고 소개하는가? '너를 사랑하는 며느리 룻이 낳은 자'라고 소개한다. 장차 이스라엘 민족을 회복하고, 인류 전체의 역사를 바꿀 이 아이가 며느리의 사랑으로 태어난 것이다. 바로 헤세드다. 이들은 인생이 어떻게 될지 몰랐지만, 헤세드를 따라 삶의 방향을 설정하고 살았던 것이다.

우리는 우리 인생이 앞으로 어떻게 될지 결단코 알 수 없다. 그러기에 중요한 것이 인생의 방향이다. 우리는 앞으로도 여전히 작은 것 때문에 화내고, 별것 아닌 것 때문에 아파하며 살지 모른다. 별 가치 없는 것에 아등바등하고, 어쩌면 멸시당하고, 미움받는 인생이 될 수도 있다. 인생이 어떻게 될지 모른다. 하지만 몰라도 된다. 중요한 것은 우리가 헤세드로 살고 있는가 하는 것이다.

왜 그런가? 이사야 49장 7절에 보면, "이스라엘의 구속자 이스라엘의 거룩한 이이신 여호와께서 사람에게 멸시를 당하는 자, 백성에게 미움을 받는 자, 관원들에게 종이 된 자에게 이같이 이르시되 왕들이 보고 일어서며 고관들이 경배하리니 이는 이스라엘의 거룩하신 이, 신실하신 여호와, 그가 너를 택하였음이니라"라고 선포한다. 여기서 '구속자'가 바로 '고엘'이다. 그러니까 우리가 멸시당하고 미움받고 별 볼 일 없는 인생처럼 될지는 모르지만, 우리의 진정한 기업 무를 자, 고엘되시는 하나님께서 그런 우리의 텅 빔을 채우실 것이기 때문이다. 그러므로 손해 봐도 된다. 멸시를 당해도, 상처를 받아도 상관없다. 지독하게 멍든 가슴을 안고 살아도 소망은 있다. 우리를 궁극적이고, 최종적으로, 그리고 절대적으로 복되게 채우는 분은 우리가 아니라 우리의 고엘되신 하나님이시기 때문이다. 이것이 룻기가 마지막으로 우리에게 선포하는 결론 '그러니 헤세드로 살아라.' 이다. 그럴 때 우리의 텅 빈 인생도, 지독하게 멍든 가슴도 다 회복되고 채워지게 될 것이다.

Answer 11

인생은 구름에 달 가듯 가는 나그네같이 운치 있는 것이 아니다. 인생은 위에는 사자가 으르렁대고, 아래는 독사가 득실거리는 곳이다. 낮과 밤의 생쥐가 갉아 먹는 외줄을 잡고 있지만, 잠깐의 달콤함에 취해 곧 죽을 운명인지조차 모르는 것일지 모른다. 한 치 앞도 내다볼 수 없으면서 순간의 자존심에 핏대를 세우고, 세상의 쾌락에 취해 살아가는 것이 인생이다. 그런 우리에게 아무도 주목하지 않았던 가냘프고 어린 이방 여인 룻이 실로 대단한 이야기를 들려준다.

그것은 우리가 하나님께로 돌아오기만 하면, 텅 빈 영혼이 만족함을 얻을 수 있다는 것이다. 예수를 가슴에 품고 '아멘' 하는 인생이 되면, 그 어떤 지독한 가슴의 멍도 치유될 수 있다고 말한다. 교회 공동체는 이 일을 해야 한다고 말한다. 한 영혼을 가슴으로 섬기는 것이다. 인생 몰라도 된다. 진정한 고엘되신 하나님께서 우리를 채우실 것이기 때문이다. 그러니 헤세드로 살아야 한다고 말한다. 인생, 얼마나 남았는가? 그리 많이 남지 않은 인생, 헤세드로 살자. 그래서 하나같이 지독한 가슴의 멍을 안고 사는 '마라'였던 우리가 참 기쁨의 '나오미'로 회복되는 축복을 경험했으면 좋겠다.

Sharing 11

1. 내 속에 있는 마음의 상처에 대해서 지체들과 나누어 보라. 그 상처의 원인과 그로 인한 손해, 그리고 어떤 상황인지, 어떤 회복이 있기를 기대하는지 진솔하게 나누어 보라.

2. 4장은 크게 네 가지 점에서 1장과 짝을 이루고 있다. 그것은 무엇이고, 그 의미는 무엇인지 정리해 보라. (15절, cf.1장21절, 16절, cf.1장5절, 17절, cf.1장9절, 18~22절, cf.1장4절).

3. 당신에게 인생이란 어떤 것인가? 이 인생을 살아가는데, 예수를 품고 '아멘'하는 인생은 구체적으로 어떻게 실천할 수 있는지 각자의 생각을 나누어 보라.